中国俗文化丛书
编 委 会

中国俗文化丛书

主　　编：高占祥
执行主编：于占德
副 主 编：于培杰
叶　涛
刘德增

中国俗文化丛书

千年秋兴话蟋蟀

丛书主编 高占祥
孟昭连 著

山东教育出版社
· 济南 ·

图书在版编目（CIP）数据

千年秋兴话蟋蟀 / 孟昭连著．— 济南：山东教育出版社，2017.2（2024.3重印）
（中国俗文化丛书 / 高占祥主编）
ISBN 978-7-5328-9301-0

Ⅰ. ①千… Ⅱ. ①孟… Ⅲ. ①蟋蟀－文娱活动－介绍－中国 Ⅳ. ①G899

中国版本图书馆CIP数据核字（2016）第052106号

ZHONGGUO SUWENHUA CONGSHU
QIANNIAN QIUXING HUA XISHUAI

中国俗文化丛书　高占祥　主编
千年秋兴话蟋蟀　孟昭连　著

主管单位：山东出版传媒股份有限公司
出版发行：山东教育出版社
地址：济南市市中区二环南路2066号4区1号　邮编：250003
电话：（0531）82092660　网址：www.sjs.com.cn
印　　刷：山东华立印务有限公司
版　　次：2017年2月第1版
印　　次：2024年3月第2次印刷
开　　本：787毫米×1092毫米　1/32
印　　张：6.375
字　　数：100千
定　　价：49.80元

序

在中华民族光辉而悠久的历史传统文化中，俗文化占有十分重要的地位。它不仅是雅文化不可缺少的伴侣，而且具有自身独立的社会价值。它在中华民族的发展历程中，与雅文化一起描绘着中华民族的形象，铸造着中华民族的灵魂。而在其表现形态上，俗文化则更显露出新鲜、明朗、生动、活跃的气质。它像一面镜子，折射出一个民族、一个地区的风土人情和生活百态。从这个角度看，进一步挖掘、整理和发扬俗文化是文化建设的一项战略任务。

俗文化，俗而不厌，雅美而宜人。不论是具体可感的器物，还是抽象的礼俗，读者都可以从中看出，千百年来，我们的祖先是在怎样的匠心独运中创造出如此灿烂的文化。我们好像触到了他们纯正的品格，听到了他们润物的声情，看到了他们精湛的技艺。他们那巧夺天工的种种创造，对今人是一种启迪；他们那健康而奇妙的审美追求，对后人是一种熏陶。我们不但可从这辉煌的民族文化中窥见自己的过去，而且可以从中展望美好的明天。

俗文化，无处不在，丰富而多彩。中华民族，历史悠久，地大物博，人口众多，在长期的生活积淀中，许多行为，众多器物，约定俗成，精益求精。追根溯源，形成系列，构成体系，展示出丰厚的文化氛围。如饮食、礼俗、游艺、婚丧、服饰、教育、艺术、房舍、变迁、风情、驯化、意趣、收藏、养生、烹饪、交往、生育、家谱、陵墓、家具、陈设、食具、石艺、玉器、印玺、鱼艺、鸟艺、鸣虫、镜子、扇子等等，都是俗文化涉及的范围。诚然，在诸多领域里，雅俗难辨，常常是你中有我，我中有你，彼此交叉，共融一体；有的则是先俗而后雅。

俗文化，古而不老，历久而弥新。它在人们的身边，在人们的生活中，无时无刻不影响人们的思想、观念和情趣。总结俗文化，剔除其糟粕，吸收其精华，对发扬民族精神，增强民族自信心，提高和丰富人民生活，都具有不可忽视的意义。世界文化是由五彩斑斓的民族文化汇成的，从这个意义上讲，愈是民族的，就愈是世界的。因此，我们总结自己的民俗文化，正是沟通世界文化的桥梁。这是发展的要求，时代的召唤。

这便是我们编纂出版这套《中国俗文化丛书》的宗旨。

远上寒山
石径斜白
云深处有
人家停车
坐爱枫林
晚霜叶红
于二月花

目录

一　说不尽的斗蟋蟀

——斗蟋蟀小史

（一）唐代宫中的“金笼蟋蟀”

斗蟋蟀是我国一种极具民族特色的民间游戏，历史十分悠久。我国古代最早的一部诗集《诗经》中已多次写到蟋蟀，有“蟋蟀在堂，岁聿其莫”、“十月蟋蟀入我床下”等诗句，古人注意到蟋蟀与节令有密切关系，天热时生活于野外，天寒时就会登堂入室，寻找温暖的地方。但《诗经》中并没有提到两雄相斗的习性。此后一直到唐代，吟咏蟋蟀的诗赋倒是不少，但都是描绘蟋蟀的鸣叫声以及在诗人心中引起的感受，并无斗蟋蟀的内容；甚至也没有人发现蟋蟀还有两雄相斗的特性。不少人喜欢引用五代王仁裕《开元天宝遗事》中的记载，其实书中的“金笼蟋蟀”条，记长安宫女以小金笼畜养蟋蟀，是为了“夜听其声”，并不是为了斗。如果宫中真的出现了斗蟋蟀的游戏，因其比畜养鸣虫更吸引人，似应更引起人们的注意。

记载斗蟋蟀的最早资料，见于宋代顾文荐《负暄杂录》中，其云：“禽虫之微，善于格斗。见于书传者，唐明皇生于己酉而好斗鸡，置鸡坊、鸡场，见之《东城老父传》。斗蛩亦始于天宝间，长安富人镂象牙为笼而畜之，以万金之资付之一啄，其来远矣。”他的这则记载是追记，并非自己亲见，根据是什么，有无史料作依据，我们不得而知。持同样观点的还有贾似道，他在《促织论》中说：“盖自唐帝以来以迄于今，于凡王孙公子，至于庶人、富足豪杰，无不雅爱珍重之。”贾似道被公认为古代斗蟋蟀的祖师爷，他的话该不会信口胡说，可惜我们没有另外的资料证明贾氏的说法。比如唐代诗歌的题材涉猎范围极广，几乎没有它写不到的社会生活，何独没有斗蟋蟀的内容呢？顾文荐提到的唐玄宗斗鸡之好，不但史书中多有记述，而且在小说、诗歌中也有多方面的反映。陈鸿的《东城老父传》记载此事极详，李白的《古风》诗亦有“路逢斗鸡者，冠盖何辉赫；鼻息干虹霓，行人皆怵惕”

的诗句。甚至当时还有民谣云:“生儿不用识文字,斗鸡走马胜读书。贾家小儿年十三,富贵荣华代不如。”为什么唐玄宗斗鸡之好有如此多的记载和描写,而斗蟋蟀之戏则不被作家们注意呢?这就是个很奇怪的问题了。

但从唐代开元天宝年间的社会风气来看,斗蟋蟀出现在此时,又是极有可能的。开元天宝向来被称为唐代盛世,天下太平,四方无事,从“太平天子”李隆基到民间百姓,享乐腐化之风蔓延,斗鸡走狗成为人见人爱的社会风习。李隆基喜斗鸡,便在宫中建起鸡坊,养了几千只善斗雄鸡,选来行家进行驯导,定时举行斗鸡比赛。皇帝的爱好常常像瘟疫一样迅速感染整个社会,于是开元天宝间出现了社会上下无不斗鸡为戏的局面,因此而受宠而暴富的人也随之出现。民谣中所说的“贾家小儿”才 13 岁,就因为驯鸡有方而骤然富贵起来。在这种社会风气的影响下,出现斗蟋蟀的游戏,为皇上多一项娱乐活动,倒也是情理之中的事。

那么人们又是如何发现蟋蟀有善斗的习性,并使它发展为一项千年不衰的民间游戏的呢?可以设想有这么几种可能:一是有人在很偶然的情况下,看到自然界的雄性蟋蟀在交配期为争夺配偶而展开搏斗,于是受到启发,好奇心驱使他们捉来雄性蟋蟀，双双放到一起，让二虫搏斗厮杀。第二种可能是当宫女或民间小儿在捕到蟋蟀养在小笼里听声解闷的过程中，无意间发现两只蟋蟀放在同一只笼里，就会出现视若仇敌般的争斗，于是开始有意识地引逗，从中取乐。比较而言，后一种可能性更大。因为自然界的野生蟋蟀交配多是在晚上，人们可以听到雄性招引雌性的鸣叫声，但不易发现两雄争风搏斗的场面；而这种场面一般也不会出现，因野生蟋蟀配偶的选择机会很多，似乎用不着为此而争斗。这两种可能的共同点都是先由无意识的发现导向有意识的驯养，并逐步发展为规模宏大的斗蟋蟀活动。第三种可能是，斗蟋蟀一开始就是受斗鸡的启发而产生的一种有意识活动。既然皇上酷好斗鸡，达官贵戚趋之若骛，又有因斗鸡有方而得宠者，一定会勾起某些嗜利钻营之徒的极大兴趣，他们便用其他禽虫进行试验，结果发现蟋蟀的斗性最强，场面最吸引人，于是便将其精心畜养起来，或作贡品以邀宠，或留作自己闲时玩赏；此举逐渐传开，斗蟋蟀遂发展成为一种人人喜爱的民间游戏。

玩斗蟋蟀从发现到普及，其间并没有需要太长的时间。其首要原因在于斗蟋蟀本身具有独特的娱乐效果，易产生吸引人的力量，人们可以在方寸之地欣赏到两雄拼搏厮杀的场面，进而体味到战场上两军对垒征战杀伐的豪壮气势，得到精神上的享受，这显然是其他游戏所难以替代的。第二个原因在于玩养蟋蟀是一件十分简便易行的活动，既无须多大的资财，又不甚劳神费力，只要从野外捉来，稍加调养，即可摆开战场，决一雌雄，这比斗鸡走狗一类活动要简单多了，故易于普及到下层社会。

斗蟋蟀开始之初，只不过是一种老少咸宜的纯娱乐游戏，并没有用于赌博。但很快人们发现用斗蟋蟀进行赌博更具刺激性，比纯娱乐更能吸引人。唐代赌博之风甚盛，斗鸡、走马均可赌以金钱，民妇小儿甚至以蝉鸣时间的长短比赛输赢，故用蟋蟀相赌应该是极自然的事。《负暄杂录》上所说“以万金之资付之一啄”，并非是夸大之词。那些长安富豪贵戚们家有万贯家私，既然肯以金玉象牙为笼养一只小虫，当然也舍得拿出银子来相赌取乐。至于一般百姓，虽然出手不会像达官贵族们那样大方，但多少也会赌以金钱，为斗蟋蟀的游戏增加一些“催化剂”，使之变得更有魅力。由于有金钱因素的加入，斗蟋蟀活动开始畸形地高速发展，至宋代就已达到相当规模了。

(二)“蟋蟀宰相”和《促织经》

宋代的斗蟋蟀活动有较多的资料记载，从正史、笔记、诗文中都可以看出来。如陆佃《尔雅翼》释蟋蟀“好吟于土石砖甓之下，尤好斗，胜辄矜鸣”；王逵《蠡海集》载“蛩阴性妒，相遇必争斗”。南宋词人姜白石有一首题为《咏蟋蟀》的词，序中云：“蟋蟀，中都呼为促织，善斗。好事者或以三二十万钱致一枚，镂象齿为楼观以贮之。”中都是指当时的京城杭州。由此我们可以知道，至南宋时，蟋蟀因其善斗的习性，已经具有了一种特殊的身份，不但成为可以购买的商品，而且售价贵得使人咋舌！之所以有如此高价，当然不仅因为它善斗能令人取乐，更重要的是它已成为一种赌博的工具，可以使主人在瞬间得到大量钱财。既然一只蟋蟀的价钱是如此之高，那么用蟋蟀相赌时的赌注之大，也就是可以想象的了。用“三二十万”钱去买一只蟋蟀，毕竟是很奢侈的行为，只有富家子弟才行。但是作为一种游戏，并不为富人所专有，穷人也以之取乐。据西湖老人《繁胜录》载，当时的杭州人极喜养斗蟋蟀，“促织盛出，都民好养”。而且街上专有蟋蟀市场，供爱好者选购：“每日早晨，多于官巷南北作市，常有三五十人火斗者”。而且因为玩者众多，城外农民专有人捕了来卖给城里人：“乡民争捉入城货卖，斗赢三二个，便望卖一两贯钱；若生得大，更会斗，便有一两银卖。每日如此，九月尽天寒方休”。街上也有人专卖用来畜养蟋蟀的各种笼具，并出现了专以驯养蟋蟀为职业的所谓“闲汉”。由此可知南宋的斗蟋蟀活动已发展到相当规模。

像唐代的斗鸡受到玄宗厚爱一样，斗蟋蟀在宋代也极得最高统治者的青睐。南宋太师平章贾似道就是一个著名的蟋蟀迷。据《宋史》载：“襄阳围已急，似道日坐葛岭，起楼台亭榭，取宫人娼尼有美色者为妾，日淫乐其中。唯故博徒日至纵博，人无敢窥其第者。其妾有兄来，立府门，若将入者。似道见之，缚投火中。尝与群妾踞地斗蟋蟀，所狎客入，戏之曰：此军国重事邪?”当时蒙古人进攻中原，形势十分危急，但作为太师平章军国重事的贾似道，却置国事于不顾，仍然还在陪着群妾斗蟋蟀玩乐，可见其何等昏庸！不过，这种不负责任的行为使他背上了千古骂名，后人戏称之为“蟋蟀宰相”；而且自此之后，斗蟋蟀之戏也因他而成了“玩物丧志”，乃至误国误民的代名词。从另一方面看，抛开贾似道为政的功过不讲，单就他玩斗蟋蟀的技巧来说，我们不能不承认，确有很值得称道的东西。他对蟋蟀不仅是玩玩而已，还进行了卓有成效的研究。他写的《促织经》，是我国古代第一部研究蟋蟀的专著。此书共二卷，分论赋、论形、论色、决胜、论养、论斗、论病几部分，对蟋蟀的各个方面都进行了详尽的论述。虽其中不免虚妄，但总的来说，确是当时人玩斗蟋蟀的总结，极多科学的内容。后来出现的一系列《蟋蟀谱》、《促织经》，几乎无一不是以贾氏《促织经》为蓝本，除了内容上稍有增益，体例上没有什么突破。贾氏《经》前有一段《促织论》，是一篇内容丰富的蟋蟀专论，作者首先探讨了人们玩斗蟋蟀的原因，主要在于蟋蟀虽为“微物”，却有“似解人意”的灵性，尤其是二雄相争的“英猛之态”，是其他小生物所不具备的，而这正适应了寻胜猎奇的“人之所好”，故君子“取而爱之”。接着他又通过对斗蟋蟀历史的考察，进一步说明这项活动所以受到公子王孙，乃至庶民百姓的喜爱，是有其必然性的。另外他对蟋蟀的生活习性、品种优劣、调养医病诸问题也有精辟的见解，并认为这些是在决斗中取胜的关键。在以下的各章里，他还对蟋蟀的形、色、斗、养等问题有更细致的论述。总的来看，贾氏第一次对蟋蟀进行了系统而全面的研究，他的《促织经》实际上建构起独具特色的“蟋蟀学”的雏形。

从贾似道的《促织经》里可以看出，斗蟋蟀的技艺至南宋时已经达到相当高的水平，基本上脱离了初期的质朴状态，开始由简单的“游戏”向“艺术”过渡，并且由此而始，逐渐形成一种特殊的文化形态，融入了庞大的中国古代文化的体系。任何理论的产生，都是建立在长期实践的基础之上的。贾氏《促织经》实际上并非一人一时之作，它是在斗蟋蟀游戏相当普及的社会基础上，总结一代又一代玩家的心得体会而成的，是无数人情趣与心血的结晶，充分表现了当时人们对蟋蟀的认识水平。例如关于蟋蟀的种类，在外行人看来，除大小及色泽稍有差异，几乎看不出有什么区别。但在《促织经》里，仅体色就分为青、黄、红、紫、黑、白；而红又分为真红、水红等，青又分为真青、深青、淡青、紫青、灰青、虾青、蟹青等，黄分真黄、红黄、紫黄、深黄、淡黄、狗蝇黄等。其他尚有花麻头、紫金翅、青灰项、白麻头、红麻头、黄麻头等名目。而且人们还发现了蟋蟀的体色与其斗性是有密切联系的，提出“白不如黑、黑不如赤、赤不如黄”的说法。再如虫具问题，唐代宫女养蟋蟀用的是笼，宋代沿袭此法，一直到南宋时还是如此。西湖老人《繁胜录》中就说：当时

“或用银丝为笼，或作楼台为笼，或黑退光漆笼，或瓦盆竹笼，或金漆笼、板笼，甚多”。其实用笼养蟋蟀是不符合蟋蟀生活习性的。蟋蟀自古就被称作“阴虫”，喜阴暗潮湿，过于干燥对其生长发育不利；用笼畜养蟋蟀，温湿度难以掌握，对它的生长与斗性都不利。唐宋人不明此理，说明他们对蟋蟀的生活规律的认识还是有欠缺的。但在贾氏《促织经》里，经常提到“古旧大盆”、“下盆”、“盆窝”，说明此时已改为用土盆饲养蟋蟀。由金玉牙笼改为土盆，当然不是因为朴素，而是对蟋蟀生活习性认识上的提高。20 世纪 60 年代，镇江一座南宋古墓里曾发掘出三只陶质过笼，这是与土盆配套使用的一种虫具，可与贾氏《促织经》所载相印证，说明养蟋蟀由笼变罐出现于南宋的可能性较大。

（三）明代的“蟋蟀皇帝”

斗蟋蟀之风到明代愈刮愈盛，竟刮出个酷好此戏的“蟋蟀皇帝”明宣宗来。与这位蟋蟀天子比起来，南宋的“蟋蟀宰相”便显得有些“小巫见大巫”了。明宣宗不但喜好斗蟋蟀，而且简直到了入迷的程度。《万历野获编》载：“我朝宣宗最娴此戏，曾密诏苏州知府进千个。一时语云：‘促织瞿瞿叫，宣德皇帝要。'"据《弇州史料》载，宣宗皇帝的诏书原文是这样的："敕苏州知府况钟：比者内官安吉祥儿采取促织，今他所进促织数少，又多有细小不堪的。已敕他末后运自要一千个。敕至，尔可协同他干办，不要误了。故敕。宣德九年七月"。身为一国之主，竟然一本正经地又是下诏书，又是派专人，到处采办进贡蟋蟀供其玩乐，封建皇帝之昏庸可见一斑。问题还在于这位皇帝是个玩蟋蟀的行家里手，不但需要量大，而且对贡品的质量要求十分严格，不是容易蒙混得了的，这就增加了任务的艰巨性。既然皇帝下令，况钟等辈当然不敢当作儿戏，只好劳民伤财，逐级下达命令，要百姓们全体动员，作为一项政治任务来完成。其间出现的悲剧、喜剧、丑剧，不可胜数。清代作家蒲松龄曾以此为题材，创作了小说《促织》，描写成名一家围绕进贡蟋蟀而发生的悲剧故事。小说主人公先是因促织而丧子，后其子化身为促织，帮助成名致富，"不数年，田百顷，楼阁万椽，牛羊蹄躈各千计。一出门，裘马过世家焉"。《促织》虽为小说，却是宣德朝斗蟋蟀之戏的真实写照，暴露了皇帝的一喜一乐为社会造成的严重问题。史载当时各级官吏见皇帝酷爱促织，便投其所好，纷纷以蟋蟀邀宠希幸，以致"苏州卫中武弁，尚有以捕蟋蟀比首虏功，得世职者”（《万历野获编》)。当时有一位朱姓的镇抚，就是因为“进此得宠，遂加秩”(《吴县志》)。这与明成化、嘉靖年间有人以进房中术而得高官，可谓有异曲同工之妙！不过更多的是悲剧。《明朝小史》载：“宣宗酷好促织之戏，遣使取之江南，价贵至数十金。枫桥一粮长以郡督遣，觅得一最良者，用所乘骏马易之。妻谓骏马所易，必有异，窃视之；跃出，为鸡啄死。惧，自缢死。夫归，伤其妻，且畏法，亦自缢焉。”这该是蒲松龄创作《促织》的素材来源之一。这位粮长因受上级差遣，身不由己，竟毅然用一匹骏马换一只蟋蟀，由此亦见此时的蟋蟀价格已被“炒”得相当高了！没想到的是，妻子的好奇心，竟最终酿成夫妇同死的大悲剧。斗蟋蟀本来不过是一项娱乐游戏，愉情遣性，有益身心健康；不想一经皇帝看上，遂变利为弊，成为统治者压迫人民的工具，悲剧由此而生，实在令人可叹！所以蒲松龄感叹道：“天子偶用一物，未必不过此已忘。奉行者即为定例，加之官贪吏虐，民日贴妇卖儿，更无休止。故天子一跬步，皆关民命，不可忽也。”

明代最高统治者对斗蟋蟀的特殊兴趣，客观上推动了这项活动的迅速发展。宣宗以后，斗蟋蟀的狂潮席卷大江南北，不分官民贫富，无论城乡妇幼，竟以斗蟋蟀为乐，几乎成为一种社会的“时髦”。南宋时，斗蟋蟀的中心在杭州，至明代则转移到北京。先是宫中太监以皇帝为榜样，争斗赌博。《明宫史》载：“善斗者一枚可值十余两不等，有名色，以赌博求胜也。秉笔唐太监之征、郑太监之惠，最识促织，好蓄斗以为乐。”京城的百姓几乎人人皆有此好：“京师人至七八月家家皆养促织……瓦盆泥罐，遍市井皆是。不论老幼男女，皆引斗以为乐。”（袁宏道《促织志》）这是万历年间的事。崇祯时依然如此：“七月十五日上坟如清明时，或制小袋以往，祭甫讫，辄于墓次掏促织，满袋则喜，秫竿肩之以归。是月始斗促织，壮夫士人亦为之。斗有场，场有主者，其养之又有师。斗盆筒罐，无家不贮焉。”（《帝京景物略》）北京乃宫廷之所在，既然皇帝爱之极深，京师百姓受其影响是很自然的事。除北京外，苏杭一带仍承贾似道的遗风，斗蟋蟀之热情未有少歇。《万历野获编》说：“近日吴越浪子有酷好此戏，每赌胜负辄数百金，至有破家者。”《庚巳编》也说：“吴俗喜斗蟋蟀，多以决赌财物。”

实事求是地说，我们不能把此后的“蟋蟀热”及其引起的弊病完全归罪于皇帝。因为毕竟并非每一朝皇帝都喜斗蟋蟀，因捕捉进贡蟋蟀而得官致富也只是很偶然的事。根据以上记载可以看出，民间对它的兴趣其实比皇帝也不差。既然“壮夫士人”、“老幼男女”“皆引斗以为乐”，可见主要的原因还在于这项活动本身确实有很强的吸引力，能为人带来精神上的极大愉悦。当时的诗人高承埏曾写过一首《蟋蟀赋》，把人们用斗蟋蟀取乐的热闹场面写得生动活泼，使人读了觉得斗蟋之戏确实是奇趣横生，作为一项消闲解闷的民间游戏无疑是可取的。另外也毋庸讳言，斗蟋蟀活动出现不久就产生的赌博功能，至明代又有了进一步的发展，人们的嗜利观念与斗蟋之戏的娱乐功能结合在一起，使这项活动畸形发展。明代所有有关斗蟋蟀的记载，几乎都同时谈到了赌博。如沈德符所说的“吴越浪子酷好此戏，每赌胜负辄数百金”，《明宫史》内所说的“以赌博求胜”，以及高承埏《蟋蟀赋》里所写的“赌以玉麈，注以金钱”等语，无不说明斗蟋蟀与赌博在明代已融为一体，已经变成赌博的代名词；对大部分人来说，赌博赢钱的目的可能比娱乐性更为重要。当然，由于赌注下得愈来愈大，不可避免地出现有人欢乐有人愁的人生悲喜剧。《庚巳编》载：“予里人张廷芳者，好此戏，为之辄败，至鬻家俱以偿焉。岁岁复然，遂荡其产。”不过他后来又遇到好运，经玄坛神的指点，捕到一只神变的蟋蟀，“用以斗，无弗胜者，旬日间获利如所丧者加倍。至冬，促织死，张恸哭，以银作棺葬之”。美好的结局显然是虚构的，这不过是赌徒们心里的美好打算而已，事实上不可能有什么玄坛神来帮助他们。斗蟋蟀变成了赌博，玩蟋蟀的人变成赌徒，于是这项活动慢慢步入邪途。明代的一段时间里，各行各业都热衷于此戏，几乎成了一个严重的社会问题，出现了“贵游至旷厥事，豪右以销其资，士荒其业”（刘侗《帝京景物略》）的局面，甚至连军中将领也沉湎于斗蟋蟀的赌场中：“马士英为人极似贾秋壑，其声色货利，无一不同。羽书仓皇，犹以斗蟋蟀为戏，一时目为蟋蟀相公。然则蟋蟀一物，既亡宋又亡明矣”（《柳南随笔》）。马士英为明末将领，曾为南明东阁大学士，进太保。他在清军进攻迫在眉睫之际，不为抗清大计，仍大斗蟋蟀，故被人斥为“蟋蟀相公”，可与贾似道的“蟋蟀宰相”并为不朽；而蟋蟀微物，竟也因此而蒙受亡国之虫的恶名，悲夫！

斗蟋蟀在明代虽一度成为社会问题而衰歇过，但总体来看，其养斗技巧又有了进一步的提高。由于这时玩养蟋蟀的人极多，不少玩家为斗蟋蟀取胜，花费大量心血，潜心研究，用心实践；更有人注重对实践经验的总结，并提高到理论的高度，使蟋蟀的养斗更趋科学化，提高了斗蟋之戏的文化价值。如几种蟋蟀谱对蟋蟀的分类，更趋细致具体，仅“论形”就分为 17 种，“论色”则分为 71 种，并均以形象化的语言命名之。在饲养方法上，除了有“喂养歌诀”谈到蟋蟀对温度、光线、食料、饮水、禁忌等方面的要求，还记录下当时养虫名家的喂养方法作为参照，对广大养虫家提供了切实可行的实际经验。袁宏道、刘侗对明代京城斗蟋蟀状况的记载，则为我们提供了更感性、形象的认识材料。另外刘侗《促织志》还记载明代已发明了人工繁殖蟋蟀的方法，说明此时人们对蟋蟀生活规律不但已经有了深刻认识，而且已经完全掌握，这在昆虫学的历史上也是一件了不起的事。事实上，有些民间育虫的秘密方法，即使在现在也还是昆虫学家们研究的课题，而在几百年前却为蟋蟀玩家们解决了。发明人工繁殖蟋蟀的方法，最初的起因是某些蟋蟀酷爱者想克服自然条件的限制，使隆冬季节也可以摆开蟋蟀竞斗的战场，同时也可以使某些优良品种得以流传。但后来发现人工繁殖的蟋蟀斗性不足，没有达到预期的效果，于是只好作为鸣虫畜养，“留其鸣深冬”了。

至于畜虫工具，明代已完全摒弃了笼养之法，普遍采用盆养。袁宏道所记京城“瓦盆泥罐遍市井皆是”，刘侗所记“斗盆筒罐无家不贮”，都说明养蟋蟀要用盆已经成为常识，这与西湖老人《繁胜录》上所记的南宋时杭州城里售卖各种蟋蟀笼，正好形成一个鲜明的对照。与蟋蟀盆的普遍使用相联系，明代出现了专门的蟋蟀盆制造业，并有一批手艺精巧的工匠艺人。所制不但实用，而且精致工巧，成为一种新兴的民间工艺品。

由于明代玩蟋蟀的人极多，不少玩家为了斗蟋蟀取胜，潜心研究，使斗蟋蟀技艺又有进一步提高，有关著作也应运而生。先是嘉靖年间有《秋虫谱》问世，紧接着万历年间周履靖又在此基础上加以续增，成《促织经》；后来又有袁宏道、刘侗删节本的《促织志》的出现。其中尤以周氏续增本为详。周本号称在贾似道原书基础上续增而成，但因为贾氏原书已佚，所以我们不知道哪些是贾氏原文，哪些是周氏所续。但与同样署名为贾似道的《秋虫谱》对照来看，周履靖确实增加了不少内容，其中必然是吸收了大量明代人的畜养经验。如蟋蟀的分类更趋细致，我们在前面的论述中已将此归到贾似道的名下，实际上这众多的分法不会全出自贾氏，一定也包含着明人的认识。再如在斗法上，《促织经》上有“防敌”、“择牵”、“接力”、“斗法”、“审势”、“惜才”、“斗败”、“茨法”等，极具规范化，这些为前谱所无，当是在明代才形成的。袁宏道和刘侗的两部《促织经》又分别见于二人的集子中，前者见《袁中郎集》“蓄促织”条，后者见《帝京景物略》“胡家村”条。这两种本来并不是专为养蟋蟀的人而写，原名也不叫《促织志》，是清人陶珽重校大型类书《说郛》收入这两部分时改为现名。二书基本上是采撷贾氏《促织经》有关内容而成，无多发明。然书中所记明代京师人斗蟋蟀的盛况却很生动，令人能够想象出满城男女争斗蟋蟀的热烈场面和气氛。明代的闵景贤写的一首《观斗蟋蟀歌》中说：“燕市斗场挨户户，正酒色天好决赌。各提斗盆绣花缕，摩挲入手澄泥古。”王醇《促织》诗中有：“风露渐凄紧，家家促织声。”这些描写都说明明代京城中的斗蟋蟀活动可以说如火如荼，异常兴旺。

（四）大江南北“蟋蟀热”

清代满族入关，斗蟋之戏进入封建社会的最后一个时期。满族人兴起于漠北，因地理关系本来不善于此道，但后来逐渐受到汉文化的影响，满族的贵族及其子弟渐染此好；至于汉人，则袭明代的旧俗，并无改变。康乾时期，北京仍是斗蟋蟀的中心。从清初编就的《花镜》一书的描写可以看出，北京城里仍把斗蟋蟀作为一项群众性的娱乐，而且斗前在大街上贴出海报来，男女老幼齐往观看，盛况空前。当然，斗蟋蟀仍与赌博联系得很紧密，不但虫主赌斗，连在一旁观看的人也忍不住要参加进来。康熙时期，斗蟋蟀活动不但受到各个阶层的普遍喜爱，而且规模甚为可观，也十分讲究。康熙年间编写的天绘阁本《蟋蟀谱》的《总论》中有这样一段描写："况三秋佳景，水碧山清；霜飞丹叶于江干，露浥黄花于篱落。园亭之上，几席之间，微雨初过，炎敲顿歇。浮绿蚁以款宾朋，铺红氍而观斗战。"这里所说的"斗战"，就是指斗蟋蟀游戏。描写得如此文雅，看样子不会是市井之间赌斗，而是文人以此寄托自己的雅趣。文人玩蟋蟀，注重的是情趣，是以此来陶冶性情，抒发自己的情感，而不在乎金钱的输赢，这是与市井之徒的区别。拙园老人在《秋虫源流》中说："花前月下，闻其声可以涤虑澄怀；日朗秋高，观其斗足能赏心悦目。闲暇无事，以此为消遣，与身心未尝无裨益。"所以他们不但玩蟋蟀，也不断地以诗文吟咏蟋蟀，而且不遗余力地整理古代蟋蟀谱，并总结自己的亲身经验。自贾似道的《促织经》始，传世的各种蟋蟀经谱都是文人的作品，而并没有哪一部是出自市井之手，虽然他们具有丰富的实践经验。原因何在呢？固然有文化水平的原因，更主要的是文人玩蟋蟀是当作一项高层次的精神娱乐，并力图从中挖掘出深刻的文化内容；而市井赌徒们是不可能有这种眼光的，他们只把斗蟋蟀看成赢钱的方式，把这种活动保持在低档的水平上。前人对康乾时期江浙一带斗蟋蟀的记述，充分表现了这一点。

据《王孙鉴续》记载，当时苏杭地区斗蟋蟀极盛，每年的秋天都要由织造府牵头，贴出告示，在宽大的棚场里举行蟋蟀大赛。赛场周围“酒肆茶棚，饭铺点心，以及杂卖糖食果饼之类，无所不有”，场面十分热闹。苏杭周围地区的斗客，搭车乘船，不远千里，风尘仆仆地赶来会斗。后来苏州消歇，便又移至昆山、嘉善、松江等地。大家的兴趣是如此之浓，内在原因当然与文人是不一样的，主要是因为金钱在吸引着他们。文人认为玩斗蟋蟀主要是情趣，所谓“秋兴以夺魁为豪，至彩之多寡，抑又末也”。但市井之徒就不同了，他们不懂得什么情趣，所想者钱而已，所以其间不免使假作弊，奸宄百出。本书“斗法”部分有“斗局”一节，对此记载颇详。另外清人诸联的《明斋小识》亦有如下记述：“蟋蟀戏由来已久，金盆玉笼，聊寄闲情云尔。至以财帛角胜负，而网利之徒设阱以诱，则戏而为博也。其间妓舸填集，数可盈千，角口挥拳，无要宵昼。凡酒食所需，靡不有，靡不价至于倍。是中豪华公子，富商奸吏，惰农恶棍，宵人巨盗，流丐庸奴，羼杂而莫辨。盖因地列水涯，苏松交界，于藏奸最宜。又值催科之候，县官无暇什及，下此丞尉，皆已受贿，顾得肆无顾忌，纠党横行，某柜某庄，煌然揭出，国法人情，澌然殆尽。局中抛掷金钱，可亿万计矣，人之身家性命，倾倒者又不知几许矣。可哀也夫！”看来作者对这种以蟋蟀赌博并造成社会问题的状况是不满意的。清代小说《海上繁华梦》中有一节用形象化的笔法写出了清代末年蟋蟀场上的种种作弊丑态。其中写到一个叫金子富的富家子弟，平时赌博耍钱，无所不至。他根本不懂得斗蟋蟀，却有钱没处使，听信黄六的一派胡言，买了他的几只劣虫，并又在他的撺掇下上了斗场。哪里想到黄六在中间“打托”，早又与场主串通一气，以大斗小，以强战弱，其结果自然可想而知；而金子富对其中的手脚竟然懵然不知，最后输了几百块大洋，只好自认倒霉。

从这些不同作者的记述描写中，我们可以看出斗蟋蟀活动在清代的江南地区是如何兴盛，又是如何与赌博紧紧地连在一起。

自从明代定都北京，明宣宗斗蟋蟀成癖，京城百姓也大受感染，一直到清代，始终就没有消歇过。据潘荣陛《帝京岁时纪胜》载："都人好畜蟋蟀，秋日贮以精瓷盆盂，赌斗角胜，有价值数十金者，为市易之。"此时一只上好的蟋蟀价格与明代差不多，都是十几两银子或几十两银子一只，并一直延续到清朝末年："七月中旬有蛐蛐儿，贵者可值数金，以其能战斗也。"（富察敦崇《燕京岁时记》）既然蟋蟀的价格是如此之贵，斗蟋蟀的规模也就可想而知了。清末民初之际，北京斗蟋蟀活动曾掀起过一个小高潮。有人说，这可能与清末出了个喜斗蟋蟀的西太后有关；事实上并不尽然。西太后此人，不但酷爱政治权力，至死而不放，而且也极会享受，会吃，会玩。无论是中国传统的美食，还是新式的西洋奇器，她都极有兴趣。她也是个斗蟋蟀的爱好者。有材料说，光绪年间，她每年都要住进颐和园，在重阳节这天开赌斗蟋蟀。西太后身居高位，又为女性，所以并不亲自下手，而是由宫中专门的把式进行，她只在旁观赏取乐。开赌前，先由把式们通过贴身太监将雄健善斗的好虫呈太后过目，然后一一赐以嘉名，召近支王公、福晋及有钱的太监，开盆为戏。慈禧之前，宫中斗蟋蟀多是太监、宫女所为，主要是为了取乐，赌注一般是点心、果品之类，输赢很有限。但到了慈禧时，赌注由实物变成银钱，且下得很大，一般以百金为起点，一局下来，输赢可达数万。由于太后身边的把式都是精挑细选出来的高手，斗艺自然高人一筹，所以总是太后赢的时候多。据说只此一项，太后每年也有一笔不小的“外快”好赚。当然那些太监宫女自然要成为受害者。好在这些宫中的奴才也乐意拿钱买老佛爷的欢心，况且这里输的钱还会从其他地方捞回来，倒也无大碍。传说太监李莲英每到立秋前后，都要到慈禧面前进言，劝主子该赌赌取乐了，自然就由他来奉陪。赌注是每次 500 两银子。可每次总是李莲英的蟋蟀取胜，老佛爷也就顺势赏给他 500 两白银，借以犒赏他一年的奔走之功。这样的豪赌每年要进行一个多月，直到十月天寒慈禧离开颐和园为止。

与宫中比起来，民间百姓的兴趣可以说是有过之而无不及。首先是那些饱食终日的王爷们，对此道兴趣最浓。据崇彝《道咸以来朝野杂记》载，清末北京城里的斗蟋蟀以后马厂的杨氏为首，历经数十年不衰。另外像睿王魁斌、继侍郎禄，也常与崇氏兄弟赌斗于杨宅南园。民国以后的大斗家还有盐业银行经理岳乾斋、中南银行经理郑润生、曾为袁世凯称帝负责“洪宪窑”的郭世五、曾任张学良副官的傅鑫等。另外清末前后的一些伶人也颇热衷此道，像谭鑫培、余叔岩、徐碧云、程砚秋等都是斗虫的好手。《许姬传七十年见闻录》一书曾描写，谭鑫培斗蟋蟀时“二目圆睁，全神贯注，脸上有戏，仿佛扎靠登场的神气”。以此可见其兴趣之浓。据说30年代末，余叔岩曾以一只重八厘的淡紫白牙翅子，在京大摆擂台，开始每战必胜，所向无敌。后来有一位外号“金针李”的外科大夫，以一只“大头红牙青”攻擂，结果大战几个回合，余虫败北。余叔岩是大名鼎鼎的艺人，爱面子，脸上挂不住，愤而拂袖而去。

近代的津门作家李燃犀在他的小说《津门艳迹》中，对清末民初天津的斗蟋蟀活动有生动描写。根据他的描写，当时北京天津的斗蟋蟀都很火爆，有专人开着斗场，招徕众人前来赌斗。近代江湖上颇有名声的燕子尾张三，就是以开斗场为生的，称之为“蟋蟀圈”。这一名称《津门纪略》中也曾提到：“蟋蟀圈：斗鸡、斗鹌鹑，俱昔年角胜之戏，近日皆寂寂无闻矣。惟蟋蟀尚有以之为胜负者，所聚之处，俗谓之'圈'，亦无定所，每到秋后犹有半闲堂风味焉。”每年到了阴历七月十五以后，街上就有人贴出黄纸报条，上书“会斗寒虫”，并有请帖送到养虫名家的手里，邀其届时临场会斗。北京、天津的斗虫规矩有所差别。北京斗虫进了斗场先入账房报字儿，每人一字儿，就如作家的笔名，作为代号。带来的虫一律用戥子称好分量，标在盆盖上，盆要交账房保管。两只虫的分量要完全相等，方能比斗。天津斗虫不必报字儿，临斗时由阡子手做中间人，从中撮合，虫的大小也只凭眼力判断，俗称用眼“瞄”，不用戥子称。实际上这很需要些真功夫。斗时不像北京人用桌子，而是用一只近一人高的高脚凳子，上面摆着个黑瓷罐，算是两只虫的战场。斗时只准三人观看，一是阡子手，手持芡草指挥战斗者；再就是两位虫主。因凳子太高，看时还需踩着个小矮凳。自然，这种斗法也还是带彩的，仍然包含着赌博的性质。寻常养蟋蟀的主儿都是津门的巨绅富贾，或王孙公子，养的虫都是千挑万选的好虫，斗起来当然也格外的热闹。不但虫好，就是虫盆也是成套的置办，过笼、食槽、水盂，不论质地还是花色，都是清一色，不许有半点差色道。每当会斗，主人带着一帮跟随，用金漆圆笼挑着整套的虫盆，气宇轩昂，真是十二分的神气。这些虫主，既不同于文质彬彬的儒者，又非为钱而不顾一切的市井小民，他们是富商大贾，有的是钱，斗虫纯粹是附庸风雅，借以炫富。所以他们斗起来虫来，真如临潼斗宝一般，争强夺胜，各逞豪华。这又算是一种风格。

与此相应，有关《蟋蟀谱》、《促织经》之类的著作也更多了，现存的十几种古代的蟋蟀谱，大部分都是清代印刷出版的。由中可以看出，古人对这种民间游戏不仅是兴趣上的喜爱，而且在实践的基础上，花费了大量心血进行了理论上的概括，对蟋蟀的研究更加深刻和细致，有关养法、斗法更加科学化和规范化。例如，虫主用芡草指挥蟋蟀进行格斗，其手法称为“芡法”。至清代，这种芡法就已经变得相当精细，除原有的初局芡法、分局芡法、上锋芡法、下锋芡法外，更具体的手法又分掺芡、点芡、诱芡、提芡、抹芡、挽芡、挑芡、带芡等。竞斗的规则更为系统和严格，极像现代的拳击比赛规则。

（五）蟋蟀是非说不清

作为一种古老的游戏，斗蟋蟀能延续到现在，可以说历千年而不衰，不管怎么说，这也是一个奇迹。试想，社会进步，科学发达，人们的生活千变万化，现代娱乐层出不穷，哪里能有如此原始的游戏的容身之地呢？可是不，它不但仍然存在，而且颇有继续发展的势头，这就不免令人觉得奇怪了。其实，说奇怪并不奇怪，这恰恰说明斗蟋蟀是一项深得民心的精神娱乐，它能跨越千百年的时间阻隔，也正说明它具有异乎寻常的生命力。解放以后的几十年间，由于受到政治的影响，斗蟋蟀像其他传统娱乐一样，都销声匿迹了，这是可以理解的。近一二十年来，社会环境改善了，人们的生活情趣变浓了，斗蟋蟀也自然而然地又红火起来。可能受到历史传统的影响，现代的斗蟋蟀活动较红火的地区仍然是京津沪杭及周围地区，大体相当于京沪铁路沿线地区。80 年代初，上海电视台率先播放蟋蟀格斗的录像，引起了人们的浓厚兴趣。天津则成立了第一家蟋蟀协会，不但组织会斗，还在电视上播放了比赛实况。紧接着上海又建立了专门的蟋蟀市场，为蟋蟀爱好者开辟了一个合法的交易市场，不但上海周围的玩家来此购买蟋蟀、虫具及有关书籍，还吸引了国外游客，为他们提供了一个观察中国这一独特民俗的窗口。上海的蟋蟀研究会还举办过两次蟋蟀名虫品种的展览会和蟋蟀知识讲座，用文字和图像向人们介绍蟋蟀知识。1989 年，上海又举办了规模空前的蟋蟀大赛，北京、天津、徐州、蚌埠等各地的蟋蟀好手应邀参加比赛。对这次比赛，国内不少新闻机构加以报道，日本的传播媒介还录下比赛实况，介绍给本国的观众。

北方著名的蟋蟀产地是山东省宁津县，这里的蟋蟀不但受到全国蟋蟀爱好者的青睐，这一独特的优势也受到当地领导的重视。他们不失时机地组织蟋蟀市场，召开蟋蟀节，成立蟋蟀研究会，有组织地开发这一宝贵资源，开展与国内外的文化和经济交流，并取得了成效。宁津蟋蟀自古有名，以英勇善战著称。据说近年在香港举办的蟋蟀节上，宁津蟋蟀曾数度夺魁，名振香江。1989 年上海举办的蟋蟀大赛中，有百分之七十的蟋蟀是宁津所产。据专家们考察，宁津为暖温带半湿润气候，有适于蟋蟀繁衍的土壤、空气、水质、温度等有利环境条件。所以宁津蟋蟀吸引了北京、天津、上海、杭州、南京、无锡、徐州、广州、西安等地的蟋蟀爱好者，每年立秋前后都要来到这个蟋蟀的“圣地”，进行捕捉购买活动。1992 年和 1993 年，这个县连续举办了两次规模盛大的蟋蟀节，邀请国内外的蟋蟀爱好者和其他方面的人士参加，既推动了蟋蟀文化的发展，又与海内外进行了经济、文化等方面的交流，应该说是一件有意义的事。后来不知什么原因，宁津的蟋蟀节没有持续办下来，也许有人认为靠开发蟋蟀来推动经济的发展并非正途。其实，作为一项民俗活动，斗蟋蟀基本上是属于文化领域的事情，最终并没有超出精神娱乐的范围，对它寄予太大希望是不切合实际的。其实蟋蟀节仍可以办，只要交给文化部门，不必讲究太大的规模和显赫的声势，以适当的形式，持之以恒，目的是活跃当地的文化气氛，推动蟋蟀文化朝着正确的方向发展。只要做到这种程度，也就足够了。

斗蟋蟀活动自古以来就包含着两方面的内容，一是娱情养性，二是赌斗赢钱。在历史上，人们更注意的是它的负面作用，认为斗蟋蟀与斗鸡走狗一样，是“玩物丧志”之举。所谓“玩物丧志”，说到底是因为在旧时代这些娱乐活动大都是统治阶级的特权，他们除了有丰富的物质生活，还要千方百计地寻求精神上的愉悦，斗蟋蟀确实曾经作为达官贵人的娱乐活动而盛极一时。但从历史上看，斗蟋蟀游戏并不限于上层社会，它也曾经是下层大众消愁解闷的工具。从根本上说，一切娱乐活动的本质都是相同的，并没有高低贵贱的差别，它们都是为人们提供精神的享受，消闲怡情，调剂生活。既然斗蟋蟀活动早已成为一种大众的娱乐，不但有悠久的历史，且有一个十分庞大的队伍，如果只是重复前人“玩物丧志”的老调，硬性地把它说成是“不务正业”之举，是很难令人信服的。斗蟋蟀受人非议的一个更明显的原因是，仍然有人用斗蟋蟀赌博，这个弊病不但理所当然地受到人们的非议，甚至还受到公安机关的打击。赌博是一种陋习，一切形式的赌博都是应该反对的，利用斗蟋蟀赌博当然也在反对之列。正像历史上曾发生过的一样，以之赌斗赢钱主要是文化素质不高的街巷小民所为，他们也可能是真正的蟋蟀爱好者，但更爱金钱；他们的蟋蟀知识可能很丰富，但遗憾的是不是为了陶冶情操，而是步入了邪途。对于真正以虫娱情的爱好者来说，他们痴迷于此道，如醉如狂，说得深刻一些，是一种高雅的精神追求，这无疑是应当肯定的。作为一个生活着的人，除了吃喝，总还应当有个人的兴趣，有某种精神上的追求，这样才能使生活变得丰富多彩。有人选择了音乐，有人选择了绘画，有人选择了运动，而这些蟋蟀爱好者选择了蟋蟀，他们从中得到了无穷的乐趣，觉得生活十分有意义，这显然是无可厚非的。正是在这种意义上，一部分人对斗蟋蟀活动是持肯定态度的。报纸、杂志、电视等新闻媒介对各地斗蟋蟀活动的报道，说明它本身也有一定的“新闻性”，人们对这项活动是关心的。有些地方成立蟋蟀协会，受到当地领导的支持，这些领导显然也都是从活跃群众文化生活的角度来考虑的。就像任何事物都有两个方面一样，斗蟋蟀游戏这正反两个方面与生俱来，它既让人爱，又让人恨；既让人得到无限的乐趣，又可能演化为人生的悲剧。这是一对矛盾，而且是一对很难解决的矛盾。不过我们要说的是，不可因噎废食，不可因为斗蟋蟀被人用来赌博而否定这项历史悠久的民间娱乐活动。作为蟋蟀文化的研究者，我们有责任对斗蟋蟀活动加以正确的引导，使它能在规范的轨道上向前发展。

作为一种源远流长的民俗活动，斗蟋蟀也受到研究者的注意。这里既有民俗学研究者，也有文化昆虫学研究者。虽然他们的研究角度不尽相同，但都力求在新的历史条件下，以科学的、实事求是的态度重新审视斗蟋蟀这一古老游戏。有的研究者将之放在中国传统文化的大背景下，追寻源流，探讨蟋蟀之戏与中华民族性格之间的内在联系，正确评价蟋蟀文化在中国古代文化中的应有地位。古老的蟋蟀文化在新的历史时期被人重新认识，这是前所未有的，也是十分有意义的。

二　呼灯向秋圃，瓮城常养锐

——蟋蟀的捕养

（一）捕法

我们不知道唐代的宫女们用小金笼养的蟋蟀是捕来的还是买来的，但据推测，更可能是在宫内的草丛或墙缝里捉来的。因为宫女们闲中无事，捉蟋蟀本身也是一种休息和娱乐；何况并没有史料说明早在唐代就有人在长安城里卖蟋蟀。宋代的杭州城里有四郊农民卖蟋蟀，却是有资料记载的；不过，对于真正的蟋蟀玩家来说，他们还是亲自去捉，而不是靠买。因为斗蟋蟀作为一种诱人的游戏，最后的输赢并不就是一切，捉蟋蟀给人的那份期盼、兴奋和冲动，是难以抵挡的。常听玩家们说，每当秋天来临，虫声唧唧，他们总是按捺不住激动的心情，就是有天大的事，也挡不住他们要去捉蟋蟀的决心。这种心情在前人蟋蟀谱或诗词歌赋的字里行间，每每流露了出来，十分鲜明生动。宋代张镃的词中写道：“儿时，曾记得，呼灯灌穴，敛步随音。任满身花影，犹自追寻。”明代王醇写的“墙根童夜伏，草际火低明”，以及袁宏道描写的每到七八月间，北京城里的男女老幼便齐到草丛破瓦之间，“侧耳往来，面貌兀兀，若有所失者”，都是多么鲜明的捕蟋蟀画面！古代的各种蟋蟀谱里，也总是把捕捉蟋蟀作为玩斗蟋蟀的“入门”，介绍了不少捉蟋蟀的方法，可见捕捉蟋蟀对于玩斗蟋蟀很重要，也是一项“基本功”，要学好，练好；否则，一切便难以谈起。

前人已经为我们留下了许多宝贵的经验，而后人也在实践中不断积累，使捕捉蟋蟀的方法愈来愈多，也愈来愈巧妙。现在我们根据古谱的记载和今人的经验，将蟋蟀的捕捉方法作一总结，供玩家参考。

1. 工具

有一套得心应手的捕捉工具，才能保证捕捉的速度和质量。蟋蟀的生长环境很复杂，树根草丛中，院角墙缝里，石堆瓦片下，山崖峭壁间，都可能成为蟋蟀的栖息之地，这就使得捕捉工具和捕捉方法都应该是多种多样的，以应付不同的环境。最常见的工具有：

(1) 网罩

不论在何种情况下，要想把蟋蟀捉住，必须使它跳出洞外才行。蟋蟀出洞之后，便急速跳跃，欲图逃脱。蟋蟀跳得很快，要想徒手抓住它是不可能的；即使偶然抓住，也会弄得面目全非，不是伤须，即是断腿，很难做到全须全尾。这时最适宜的工具就是网罩了。最常见的网罩是用粗一些的铁丝弯成一个带把的圆环，再用细铜丝在圆环上编织成下圆上尖的罩子。这种铜丝罩的历史很长，早在明代的记载中就已经出现了。铜丝罩明亮美观，时间用长了也不会生锈，使用寿命很长。现在也有人用铁丝编成，这就大为逊色了。近几年又出现了尼龙丝网罩，系用白色尼龙丝编成，框上缠着红红绿绿的彩色塑料纸，不但看起来美观，而且结实轻便，具有很强的弹性，既便于携带，用起来也不易伤虫，所以极受玩虫者的欢迎。

(2) 竹筒

竹筒是用来装蟋蟀的。为了增加竹筒的透气性能，古代还有人将竹筒的侧面镂空，只留下一条一条的棱，这样实际上就把筒变成了笼，所以古代称之为竹笼或过笼。古谱中常说捉蟋蟀的提着“竹筒、过笼”，这里所说的“过笼”实际上指的是这种镂空的竹筒，而不是放在罐里的陶质过笼。而这里所说的“竹筒”，又是指用来盛水的竹筒，并不是装蟋蟀的竹筒。这种古今差别我们要搞清。现在捕虫者所用的竹筒是竹竿截成的，长 10 厘米左右，粗细约 2 厘米，一头为竹节，另一头用纱布蒙住，透气性能很好。每筒里只装一只蟋蟀，也不会对虫造成损伤。

(3) 席篓

竹筒只能装一只蟋蟀，另外往里装的时候也颇麻烦。有人喜用一省事的办法，就是用一只芦苇蔑子编的篓子作为盛蟋蟀的工具。以前也有人用一种柳条编的罐斗，不过此物现在已不多见了。这两种东西大小差不多，粗约三四十厘米，高约 50 厘米。篓或斗的口上还要缝一段布口袋，以便扎口。有的在布袋的口上再加一个铁皮围成的铁圈，这样往里装蟋蟀的时候就更方便了。捉蟋蟀的时候，手里提着篓子，并不太重，蟋蟀入罩后，只要拿起来往篓里一磕就行了；而往竹筒里装显然就要费事一些。

(4) 铁扦子

古代称这一工具叫“杏叶锹”，因为锹头椭圆而带尖头，形似杏叶，故有此名。现在也有人称之为剜枪。扦子头是铁打制的，也有的打得较尖锐，后边安着一个一尺多长的木把。旧时省事的办法是利用红缨枪的铁头，这种枪头是用钢打成的，坚固锋利，安上柄就能用。也有人因陋就简，用竹片削制，也不失为一法。铁扦子是用来挖洞的，因为有的蟋蟀躲在洞里不出来，要用铁扦子在洞旁扎下去，使劲摇动，洞里的蟋蟀感到身旁发生了“地震”，自然会跳出来，这时就可下罩捕捉。

2. 时间

时间一是指每年的时令，二是指具体的时间，是白天还是晚上。捕捉的时令，古谱上有云：“一交处暑便提笼，捉到深秋霜降终”。说得十分明白，就是从处暑开始，至霜降结束。也有的谱上说得较模糊，说是“秋七八月间”，这里说的当然是农历。总的来看，古今相差不大。但具体来说，南方与北方，这一年与那一年，也还是有差别的。因为捕捉时间说到底是由蟋蟀的生长发育情况决定的，我国幅员辽阔，南北气温有较大的差异自不必说；就是每年的气候，也因为气温的高低、天旱天涝的不同，导致蟋蟀的发育有早晚和强弱的差别。按照一般的规律，每年立秋时，蟋蟀的羽化已大部分完成，再留一段时间让它在自然界里生长，充分感受自然之气，弥补先天的某些不足。有人性急，刚到立秋，蟋蟀刚蜕最后一次皮，便急不可待动手捕捉，结果发现这种虫格斗时的相持能力差，而且很少能斗到结秋。原因不外乎发育不足，体质较弱。对此，前人还是有过经验教训的，所以总结出经验．认为捕捉蟋蟀必须从处暑后一星期才开始，到白露后的一星期遇到下雨才停止，只有在这两星期里，蟋蟀后天的营养才能充足。到了处暑，蟋蟀的体质渐趋强健，心急如焚的蟋蟀玩家每年一次的“功课”也就正式开始了。持续到半月以后的白露，捕捉达到高潮。自古就有“白露前后出将军”的说法，既说明此时蟋蟀的羽化已基本完成，选择余地大，也说明这个时期蟋蟀的发育情况最好，能培养出很强的斗性来。古今的经验说明，从处暑至白露这一段，是捕捉蟋蟀的最佳时机。白露之后，气温逐渐下降，新蜕出的蟋蟀愈来愈少，体质也受到气候的影响，明显不如先出者。另外，蟋蟀为了躲进深洞里避寒，开始打洞，双牙用来掘土，不可避免地要受到损伤，再以之作战斗武器，显然会影响战绩，这也是不言而喻的。捕捉可以延续到白露后一周，再以后捕到的蟋蟀，一般来说就没有多少战斗力了。

蟋蟀的捕捉白天和晚上都可以进行，以晚上捕者为多。白天气温较高时蟋蟀不叫，难以发现它的身影；气温不太高时从中午到下午二三点的一段时间里，蟋蟀雄雌结铃，会发出叫声；阴天和下毛毛细雨的天气，蟋蟀全天都会鸣叫。蟋蟀鸣叫时自然可以循声而至，不叫时就只能根据大概的估计，用扦子到处翻找，等蟋蟀受惊跳出来，再行捕捉。相对来说，晚上捕捉较容易。晚上蟋蟀都在大声鸣叫，从夜色刚上到第二天的清晨，一直在叫个不停，所以这是捕蟋蟀的最好时机。蟋蟀在夜间不但鸣声响亮，而且每次鸣叫延续的时间很长，人们很容易搞清它的位置。

3. 地点

蟋蟀斗性的强弱，除了品种遗传及饲养调理等因素外，与蟋蟀栖息生活的环境极有关系。蟋蟀的体质因生活地点不同而有差别。它们有的生在山脚下，有的生在水岸边，有的生在破墙烂壁里，还有的生在荒郊野坡或草丛树林中。古人认为，破败的砖窑里积聚了浓重的阳气，古老的坟墓中凝结着极重的阴气。高坡向阳的地方，土壤总是温暖的；山沟的小溪旁，洞穴里常常寒冷。正因为此，蟋蟀的身体长得厚薄不同，颜色也有纯杂之差别。有的蟋蟀性情暴躁，有的则性情迟缓，有的需要常见光线，有的则要藏在阴暗处，都要根据各自不同的性情而饲养。所以，古今玩家都很注意捕捉地点的选择，每到捕捉季节，甚至远赴数千里之外，风尘仆仆，不辞辛劳。从大的范围说，蟋蟀的产地自古就有南北之别，南方以苏杭一带为中心，北方以京津鲁为中心。这一点可以从古代的有关记载里看到。比如杭州的将台、白庙，常熟的顶山、周巷、过巷，北京的苏家坨，河北的易州、涞水，山东的宁津、济南、肥城等地，都是盛产将军的地方。但对于大多数玩家来说，不可能都远赴外地去捉虫，而只能在本地的有限范围内选择较好的地点；所以相对来说，这些地点的选择对大多数人来说更重要，更实用。

按照前人的说法，捕捉蟋蟀要到“绿野草莱处”、“园圃垣墙中”及“丛草处，缺墙颓屋处，砖甓土石堆垒处”，也就是草丛里、瓜果菜蔬地里、断墙破壁中及土堆石堆里。这只是泛泛之谈，并不意味着这些地方就能出好虫。因为根据古人的经验，生于“草土中则软”，“浅草薄泥，其色黑白”，这样的蟋蟀显然算不上什么好虫。不过瓜果地里及墙缝中，古今玩家都认为能够出好虫。瓜果地里菜蔬丰富，具备昆虫生长发育的各种营养，肯定有利于培养健壮的体质。现代的捕虫者当然早已不局限于瓜果地里，他们的足迹已遍布各种庄稼地里。有经验者认为毛豆地易出佳品，而山芋地、菜地里则好虫极少。也有人认为施用农药化肥和经常翻耕的地里也不易出好虫。道理很明显，农药和化肥对蟋蟀的生长发育不但能造成损害，甚至能致其死亡。翻耕过勤的田地除了对卵造成一定损失，也使成虫蟋蟀不能保持一个安定的环境，肯定不利于生长发育。

古今玩家公认的最佳捕捉地点是墙根、石缝里，石板下，河岸水沟旁，以及野冢废庙里，这些地方最容易出将军。其实这些说法并没有必然性，只不过相对而言。一个明显的原因是这些地方人迹罕至，偶尔找到这种地方，总会感觉比那些捕虫者都去的地方更容易捕到好虫。实际上这不过是一种“感觉”，也许只不过是一种错觉。另外一个原因，据笔者揣测，可能这些地方生活环境相对来说要恶劣一些，而恶劣环境常能培养动物为生存而斗争的能力，性格往往非常凶猛。这就好比深山野林中的老虎，要比动物园里的老虎凶猛得多。

4. 方法

捕蟋蟀可以分为几步：辨声是第一步。蟋蟀鸣声的辨别有两个作用，一是能分辨出蟋蟀的优劣，二是能找到蟋蟀的洞口。蟋蟀的好坏与双翅大有关系，对此前人有很多精辟的论述，我们可以在本书的有关章节里看到。如有的谱说“鸣声欲厚欲老欲急欲尖，早秋得此，均堪宝贵”，“尖圆之鸣，有沙声、绵声、绵夹沙声，皆为上品”等，直接从蟋蟀的鸣叫声中判断优劣。甚至还有人能从鸣声中判别蟋蟀的体色，如说青色虫鸣声较洪亮，黄色虫鸣声带金属之音，紫色虫鸣声嘶哑等。当然，这些古谱的记载或个人的经验很难说都是十分准确的，但对玩家肯定会有参考价值。比如早秋时鸣声低沉洪亮者一般体形较大，鸣声苍劲刚烈者斗性强，鸣声尖细低微者多是弱虫，晚秋时鸣声沙哑者多是老虫等，经世代玩家实践，可以说是应验不爽的。由鸣声再决定是否有捕捉的价值，这就省却了许多功夫。

辨声另外一个意思是由蟋蟀的鸣声确定它所在的准确位置。初学者捕蟋蟀，面对茫茫夜色中传来的阵阵虫鸣，可能茫然四顾而不知该从何处下手；就是说，他们不知道该捉哪一只，因为鸣声来自四面八方，很难分辨。但对内行人来说，这就根本不成其为问题。他们可以从万千的鸣声中确定自己的捕捉对象，并很快确定它所在的位置。你必须学会分辨声音的大小高低粗细强弱，学会从这各种声部的“大合唱”中找出你想要的东西，并且紧紧地“盯”住它而不放。这是一种只有在实践中才能练出来的真功夫。

第二步是寻踪。当你辨清了鸣声，就要顺着声音传来的方向寻找洞口。如果蟋蟀在洞外鸣叫，一般来说确定它的位置比较容易。但若鸣声是从洞里发出来的，就比较麻烦。因为鸣声不是直接从所在的方向传出，而是经过洞口“收缩”了一下再扩散开来，没有经验者往往较难确定其远近，甚至弄不清鸣声究竟来自何方。这时就要耐下心来，仔细辨察。也许在你快接近洞口的时候，蟋蟀似乎突然间听到了什么，再也不叫了。这时你只能更加耐心，不顾蚊虫的叮咬，而别无他法。对于那些听觉尤其灵敏的“狡猾者”来说，你只能用这种“步步为营”的方法接近洞口。要注意举步轻捷，脚步太重会惊动蟋蟀而停止鸣叫。古谱说：“侧耳徐行，一闻其声，轻身疾趋，声之所至，斯穴得矣。”所谓“轻身疾趋”就是要求脚步要轻，速度要快，以碎步前进。袁宏道曾形象地描绘捕虫者“一闻其声，踊跳疾趋，如馋猫见鼠”，可谓生动至极。据说高手捕捉蟋蟀，在十米开外听到鸣声，便可迅速确定洞之所在，大小不出碗口大的范围。

第三步是下罩。找到洞口之后，不要急于捉虫，应先审视洞口周围的地形，拦截其退路。因为蟋蟀筑穴，往往留有退路，就是说它的洞有两个出口。当它发现洞前出现敌情后，会从另一个洞口溜之大吉。另外蟋蟀还懂得用挖出来的细土堆在洞口，作为伪装。截住退路后，把罩子罩在前面的洞口上，在后面的洞口弄出动静来，它就会窜出洞外，进入罩内。夜里捕捉的话，用手电对着洞口，利用蟋蟀的趋光习性，也可以把它引出来。若蟋蟀见光并不出洞，可用随身携带的芡草或掐一根细草棍伸入洞内，轻轻拨动，蟋蟀受惊，自会出洞。对那些拒不出洞的狡虫，可施用灌水法，或者用前面已提到的用铁扦子在洞旁制造“地震”，它无计可施，必然要出洞躲避，就会“自投罗网”。注意用罩时要稳、准、轻。就是不要毛手毛脚，要看准目标再下罩，并且要轻拿轻放，不可过于用力，以免损伤虫体甚至将其压死。

另外，古谱上还介绍过几种特殊情况下的捕捉法。一种情况是蟋蟀躲在墙壁的砖缝里不出来，用上述的几种方法都不能解决问题，又不能拆墙，这时可用炒熟的蚕豆嚼碎，放在蟋蟀盆里，夜里连盆放在洞口。夜间蟋蟀出来觅食，闻到蚕豆香味，就会主动进入盆内；当它见盆内很舒服，甚至不舍得离开，第二天就会唾手而得。其实不止用蚕豆，用有香味的水果也有很好的效果。我曾做过试验，确实很灵验。

另一种情况是悬崖峭壁上或深洞中的蟋蟀，人们难以靠近它的洞口，可用一只挖空的生梨，用线系住坠入深洞，或以长竿插住举至崖边，紧靠蟋蟀洞的洞口放好，蟋蟀闻到梨香，会自动进入空梨中，这时也就容易捉到了。

5. 产地

地理环境对蟋蟀的品种、斗性有直接影响，所以古代的玩家十分注意对蟋蟀产地的探索，并且载之于谱。明末清初时，北京永定门外五里的胡家村是盛产蟋蟀的地方。这里的野地里到处长满茁壮的禾苗。庄稼地里有几座古庙，墓地一个接一个。这里所出的蟋蟀，既叫得好听又勇猛善斗，比其他地方产的蟋蟀强。

清代北京的玩蛩家称北方本地所产的蟋蟀为“伏地虫”，并认为以西北路苏家坨一带所出的为最好，这里土质优良，出的虫都是皮肉鲜亮细腻，体力也好，常出善斗之虫。东路一带所产的蟋蟀，称为“垛货”，大都是体色暗淡，表皮及肉质粗糙，身形粗笨，一般难出好虫。

按照清谱上的说法，北方产的山虫以易州和涞水的最为出色，不但颜色长得滑润，皮肉也很细腻。山东产的蟋蟀数济南和肥城等地的最好，常有个头长得很大的，而且雄壮有力；但与北方的山虫比起来，显得干练不足。近些年来，山东宁津县又成为优质蟋蟀的产地，几乎成为玩蛩家们的圣地，每年都吸引着成千上万的人前来捕捉购买，当地不少人甚至因此而致富。其实这里在清代也较有名，只是现在其他产地都受到各种污染的影响，只有这里还大体保持着原有的环境，所以蟋蟀的品质仍然较好。总而言之，不论是伏地虫还是山虫，佳虫都要精神焕发，身体长得结实有力，头上有麻路，皮肉无损翅膀带绉，而且头部浑圆牙钳长大，腿脚修长而健壮，颜色纯净且不昏暗无光，只要挑选这些虫养起来，就不会有什么差错。

南方杭州及苏州、常州周围地区也都是历史上著名的蟋蟀产地，如杭州将台、白庙出的沙虫，大多是细腻的品种，长得须尾轻盈，体肉白腻，善于格斗而且有长力。临平、长安镇所产的，虽然也称杭虫，但比上面说的就差远了。江苏省以常熟所出的蟋蟀为最好。常熟蟋蟀总名叫山虫，以顶山、周巷、过巷方圆几里之内的蟋蟀长得最大。其次便数大河王庄所出的，虽然离山较远，但这里的地质比其他地方的要强。再其次是大市桥、杨巷、小市桥一带所产。至于田庄及北路等地方，离潮地太近，所出的蟋蟀就不足取了。

（二）养法

前人对蟋蟀的饲养十分重视，并总结出一套行之有效的饲养方法，包括喂食、饮水、沐浴、用盆、疗病、配雌等几个方面。

1. 三秋不同养法

古代畜养蟋蟀三秋不同。三秋即早秋、中秋、晚秋。三秋气温差别很大，蟋蟀也处于不同的发育时期，所以在畜养方法上要格外注意。

关于早秋养法，古代蟋蟀谱云：

酷暑须将宿食消，窝干土燥易生焦。
盆宜常润水频换，牝牡舒怀色自娇。

早秋时的蟋蟀好像人已长大成熟，在喂食上不可疏忽大意。再加上天气炎热，喂它的东西都要易于消化才可。从蟋蟀上盆之日起，个头大的蟋蟀每天要喂新粥的饭粒一粒半；个头中等的或小型的按比例减少。上盆三天之后，大个的蟋蟀每天喂一大粒，中型的小型的酌情减少。喂食的时候，尤其要注意。

中秋时的蟋蟀，就像人正值年富力强的时候。若蟋蟀善斗，用力多，那么食也不宜少。推究起蟋蟀来，本是没有骨头的东西，寒露前后，天气愈来愈冷，所喂的东西应该酌情减少，否则蟋蟀的肚腹便会涨大，这是不合适的。如果天气比以前更冷，就该用毛毯把虫盆上下盖起来，否则蟋蟀的肚腹受冷，也有变大的毛病。

到了晚秋，蟋蟀就要衰老了，喂养起来更觉得困难。应该喂它带荤腥的食物，安放在避风温暖的地方，不要让它受冷。蟋蟀盆里要用纸衬里，或者换用木窝。食料用羊眼豆，煮熟以后去掉外皮，与米饭放在一起捣碎；或者把栗子煮熟，或者用生芝麻嚼碎和饭，或者用茭白煮熟和饭，或者用生冬瓜穰、瓜仁和饭，最后再用熟虾以及熟蟹腿里的肉或熟鳗鱼脊背上的肉喂它，忌讳用有油的地方喂它，这样有助于增强它的体力。如果发现蟋蟀不吃食，就不可再斗了，这是衰老有病即将死亡的表现。

晚秋的蟋蟀，在以往的比赛中已经屡次获胜，虫主对它倍觉珍贵，不是以前可比的了。如果发现食量减少但体色还没有退，这时可以用新鲜的蟹腿肉与饭和在一起喂它，那么食料的味道较容易入口。如果食欲又有所减少，而且脸面颜色减退，就说明蟋蟀的精力已尽，到这时就该封桶了（以后不再让它斗叫作封桶）。否则只要一斗必然失败，反而前功尽弃。所以封桶的办法，是为了使蟋蟀有一个完满的结局。

2. 喂食有准

古谱上说“喂食有准”、“食不可忘”，是指为蟋蟀喂食要及时，不可早晚错乱，饥饱不定。为何喂食要准时呢？其实道理很简单，这就与人每日三餐不可或缺一样，只有准时进食才可保证身体所需的营养得到及时补充，才能保持它的充沛体力和高昂的斗志。按照古谱上的说法，喂食的最佳时间是申时，即下午三点到五点之间。有的古谱上所记的喂食时间是酉时，即晚上的五点至七点之间，可见还是可以有所变化的。当然，下午喂食自有其道理在。因为蟋蟀的格斗一般是在上午进行，格斗前要隔食，可在头天下午或晚上开始；时间太早对虫的体力有影响，太晚起不到减轻体重的效果。上午斗完后稍作休息，下午进食补其体力也比较及时。

蟋蟀在昆虫学上属于杂性昆虫，既食植物性饲料，也食动物性饲料。但在野生环境里，食用植物性饲料的机会更多。在农业昆虫学中，蟋蟀是属于害虫的，它以植物尤其是以农作物的根、茎、叶、果实作为食物。它是否有能力捕食其他小昆虫呢？不得而知。但在人工饲养过程中，我们发现它也食用动物性饲料。在古谱中，这两类饲料都有记载。

植物性饲料计有：黄米饭、白米饭、栗子、菱角、羊眼豆、芝麻、茭白、生冬瓜瓤、瓜仁、椒叶、黄桑叶、纯粳米、蜂蜜、方蒂柿子、茯苓。

动物性饲料计有：蟹肉、鳗鱼肉、鳜鱼肉、芦根虫、麻根虫、胡刺母虫、断节虫、跳虾虫、蚊虫、扁担虫、草内蜘蛛、鸡鹅肉、蛴螬。这些尚不包括同时兼治各种病症的药物性饲料。

一般来说，大部分人认为早秋阶段以喂植物性饲料为主，过早喂动物性饲料会使蟋蟀衰老过速；动物性饲料只在晚秋时适当喂一些，因此时虫近衰老，体力下降，喂动物性饲料能增加蟋蟀体内的热量，延缓其寿命。有的古谱上说："早秋黄米饭，白露熟菱儿。霜降沿篱豆，隆冬蟹肉宜。"这就是古人讲究的"因时与食"。也有人认为，黄米饭作为蟋蟀的常用饲料效果最好，不必喂其他东西，所谓"鸡豆菱肉尽非宜，不及朝朝黄米饭"。尤其忌喂那些油性太大的肉类。这与每个人的饲养习惯有关。而按照现代玩家的经验，则以白米饭为最理想的饲料。

如果从昆虫营养科学的角度看，以上的几种看法可能都有偏颇。俗话说："麻雀虽小，五脏俱全。"蟋蟀虽为微物，它的身体发育所需要的营养却是多方面的，实际上与人类所需要的营养没有多少区别，只是要求不是那么严格罢了。像人类必需的碳水化合物、蛋白质、脂肪、维生素、无机盐和水，蟋蟀也是不可缺少的。如果缺少了某一部分营养，对虫体肯定不利。像传统上认为只喂黄米饭的饲养方法，对蟋蟀的体质就会产生不良影响。因为黄米饭虽然有充足的碳水化合物，但维生素含量不如各种水果和蔬菜，脂肪的含量不如肉类。所以古谱上说深秋蟋蟀应该多喂鱼蟹等动物性饲料，以增加虫体的热量，抵抗严寒，延缓寿命，是有道理的。当然，任何事情都不可走极端。本来是以植物性饲料为主的蟋蟀，如果反过来采用以动物性饲料为主的方法饲养，完全改变了它的生活习性，也会产生另外的副作用。将古代经验和现代科学结合起来看，蟋蟀的饲养应以植物性饲料为主，动物性饲料为辅；早秋多喂植物性饲料，少喂或不喂动物性饲料，晚秋则可多喂动物性饲料。同一类饲料也不可单一，应该经常调换，使蟋蟀对食物经常保持新鲜感，这样对它的身体发育是有好处的。

古代玩家对蟋蟀进食的多少也有详细规定。早秋、中秋、晚秋，不但饲料有所不同，食量也有变化。刚从野地里捕来的蟋蟀，行家们喜欢先给它们一次“清肠”，就是用青叶菜、绿豆芽，或毛豆一类食物喂二三天，使其肚内的泥土排净，然后再以正常的饲料喂之。古谱上所记用以“清肠”的东西叫“白花草”，又称“旱莲草”。早秋应该喂多少呢？有的谱认为应以一粒半至二粒大米饭为宜，也有人认为可让其尽量多吃，以食饱为原则。因为虫在野外的食物毕竟不如主人为它准备的精美，此时多喂可使它尽快增强体质；而且此时离格斗尚早，并不担心它拖肚。但到了中秋，食量就要有所控制，每天只以一粒米饭喂之即可。此时蟋蟀的身体器官已经发育成熟，体质强壮，只需以一粒饭使其保持体力，不可徒增其体重。此时已进入格斗阶段，增加体重对比合十分不利。晚秋时又有不同。此时蟋蟀战斗了大半生，行将衰老，食欲减少，体质下降，这时要注意的不是食量的多少，而是饲料要变成以动物性饲料为主。有人还认为同时要喂以水果，以防积食不化。

3. 饮水

蟋蟀的饮水尤为重要。俗云“食养更须水养。”蟋蟀为阴虫，终生喜在阴暗潮湿之处，对水一时也离不得。古谱说“水食调匀蛩堪旺”、“水不可缺”，都是强调饮水对蟋蟀身体的重要性。有的行家甚至认为，一二天不喂食，问题并不算太大，但若一二天不进水，对蟋蟀的损害就大了，早秋天炎时，说不定会干渴而死。这并不是虚妄之言。

蟋蟀的饮水，古谱强调应该是天落水，即雨水或河水，露水当然更好。这种天然水没有污染，没有异味，对虫体有利。古代的养虫家每年立秋前都要预先用大缸接下雨水，储存起来作为蟋蟀的饮用水，或用来涮罐。不过以现代的观点看，天然水也不见得就是那么纯净，因为空气污染早已成为世界性的公害，天上甚至会下来“酸雨”、“黑雨”、“黑雪”，哪里能保证是清洁的呢？所以现代的养虫者对古谱所论，还应该辩证地对待，因时制宜，不可盲从。除了这几种天然水，前人还发明了几种蟋蟀的营养饮料，可作今人参考。其配方稍有不同。一种是：制首乌、炒五加皮、旱莲草、鲜猴姜、川断、牛膝各1两，甘草5钱，以清洁河水50斤浸泡。然后以荷叶露（荷叶上的露水）掺半而成。这几种配料全为中药，有清热解毒、强筋壮骨之效。

蟋蟀的饮水不是一天一次，而是要持续供给，并且要经常保持新鲜。古谱云“仍将宿水换旧浆”，就是指每天都要及时为虫换水。早秋天热，水容易变质，每天要换三次新水。中秋一天换两次。晚秋一天一次即可。

4. 洗浴

要培养蟋蟀的强壮体质和强烈斗性，除了在水食上十分讲究，还要做好它的清洁卫生工作。尤其是早秋时天气炎热，经常洗浴不但使虫体清洁，也是一种降温措施。古谱上说：“生蛩见亮便奔驰，治法先将水浴之。旋转渐令蛩性定，若还频浴又非宜。”新捕来的蟋蟀，入盆前都要逐个为它洗澡，去其体表的泥垢。另外据古谱介绍，新虫洗浴后有利于安定其性情。以后每隔二三天就要进行一次，天气太热时甚至需每天都要洗一次。方法是，将净水储于稍大些的容器中，用手将水搅得旋转起来，将虫抛入水中，任其在水中挣扎跳跃，旋即捞起，让其身上的水晾干，再入盆中。也有人将虫放进网罩内，连网加虫一起浸入水中，随即提出，让虫在干毛巾上自爬。用水可以是河水或雨水，也有人用甘草泡制，待水泡至微黄，即可使用。注意不可让虫在水中待得过久，以免有所疏失。中秋蟋蟀洗浴后隔的时间可以长一些，而晚秋天气渐寒，为防蟋蟀受冷致病，可以不再洗浴，所谓“不宜频浴恐防伤”也。

5. 配雌

各种古谱都把配雌作为饲养的一个重要环节。配雌，亦称下雌，指挑选适合的雌虫与雄虫交配。古人很早就发现了蟋蟀的“三拗”，即三种在他们看来是反常的行为，其中之一是“过蛋有力”，即交配后雄性蟋蟀斗起来会更厉害，不交配者反而不行。既然配雌与格斗能否取胜有如此之关系，很自然地也就把配雌作为一个重要的饲养环节来对待。实践证明，即使其他环节都很好，配雌没做好，在格斗中就会功亏一篑。

蟋蟀呼叫雌虫，就像人的性欲萌动一样。要等雄虫寻觅雌虫发出长鸣之后，再把雌虫放进盆里。交配过的雄虫身体健旺，用芡草引逗，便有斗性，与敌交锋，一定能取胜。雄雌一天可以交配几次，夜间要把雌虫起出盆外，不要与雄虫共盆，以免出现意外的事故。

早秋时蟋蟀还没有下雌，必然会沿着盆跳跃不止，甚至碰破头额，折断头须。这时最好用干净的细纸，剪成圆形，贴在盆盖上，这样能防止它受到伤损。就是蟋蟀盆里的水盂，也要使用得当。蟋蟀到了中秋季节，斗性发作起来，与雌虫交配后往往张牙踢腿，如果水盂又高又厚，有可能踢断腿脚；

若水盂太薄太矮，有可能咬坏蟋蟀的牙齿。尤其是到了深秋或落汤之后，更易发生这种情况。所以，水盂要以小口而玲珑小巧的为最好。蟋蟀到了落汤的时候，已经逐渐衰老，腿脚发脆，偶然跳跃起来，常弄得腿断筋折，尤其应该小心看护。

蟋蟀的交配与其他动物比起来，可以说是阴阳颠倒，雌虫反而爬到雄性的背上交配。过一二天，雄虫如果没有雌虫相配，便形神疲惫，无精打采。雄虫只要鸣叫呼雌，雌虫马上就会靠上去。如果呼雌而雌虫不贴，就该马上换一个雌虫。只有做到阴阳和谐，就可以使虫身体健壮，精神旺盛，斗时必然能取胜。蟋蟀用暖水保温之后，不会没有火气，若再呼雌而不贴，常常上火。一不小心，雄虫的尾部就会发黑，以致肛门结粪成为无用之虫。性情刚烈的蟋蟀，尤其容易有这个毛病，而且不可救药，实在是太可惜了。

上等的蟋蟀，到秋分时用两三只雌虫与雄虫相配，另外用一只盆养起来，相互换着使用，使雄虫交配容易，不致有不贴雌的毛病。到霜降的时候，雌虫往往下卵，不再和雄虫交配，这时就应该换一个雌虫。雌虫养到霜降时，大都已长得牙齿牢固，身体健壮，也能够格斗。已经格斗过的蟋蟀，总是想着与对手争斗，这时把雌虫放进盆里，雄虫突然间被触动，往往扬起双翅张开双钳；如果正好遇到的是凶猛的雌虫，也必然会张开双牙与雄虫对咬。雌虫的牙齿又尖又小，最易咬伤雄虫的马门，以致咬伤难以开合。已经数次战斗而取胜的蟋蟀，尚未使用牙齿，自然从未受伤，现在突然牙门损坏，都是下雌不当而造成的。下雌的办法是，要等到雄虫呼雌很急的时候，看到雄虫的身体向后倒退，不断地摇动尾须，看见雌虫后也不张牙，这时再把雌虫下到盆里，二虫马上就会交配过铃。交配后，雌雄二虫相偎缠绵，自然不会有相互撕咬的担心了。历来养虫家都不注意这些问题，以致好虫受伤，实在可惜；这些如不亲身经历，也是不会知道的。

挑选三尾的时候，务必挑选产卵管长，浑身漆黑，脑袋长得小，腰身长得细小无力的。若双翅发黄，产卵管长得短，且大肚子，以及小个的金黄色三尾，万万不能用。最好的是能飞的三尾，这种三尾产卵管长得很长，身上发黑，肉质细腻而文气，被人称为“美人三尾”，交配结铃极其快捷伶俐。雌性飞促织最好。雌虫最忌头部有麻点，脖项有花斑，腿脚长得修长健壮。颜色以黑者为最佳，最忌红色和黄色。

入盆饲养后，一定要多给它食料，让它吃饱，不要因饥饿而自相残食，这是第一要注意的。蟋蟀到了深秋之时，雌虫格外凶恶。到了晚上，最好把雌虫起出盆外，等雄虫吃饱之后，再另外备食把雌虫喂饱下到盆里，这样才不致有雄雌相互争食的担心，这一点尤其应该注意。养蟋蟀的人要对雌虫雄虫都用心，雄雌都喂得饱住得暖，才是好办法。

蟋蟀到了中秋，就像人到了中年，不可与雌虫相处太久，恐怕雄虫昼夜频繁呼雌，起翅太勤，对身体有损害。而且虫的颜色容易变得昏暗无光，勇猛之气消散。加上到了这时天气冷热不调，水食不匀，更容易有意外的闪失。善养蟋蟀的人，该能细心体会，其中的道理是很微妙的。

如果是到了寒露时节，雌虫或者一天下一次，或者隔天下一次，要看天气如何再定，而且最好用体小的雌虫为好。到了晚秋时，寒气渐浓，太小的雌虫已经半死不活，这时又不如大的体态伶俐，与雄虫相配最好。如果雌虫头上像蒙上一层白雾，昏暗不清，或者腹部突然缩小，不论大小，都已衰老无用了，必须扔掉它。

6. 用盆

蟋蟀用盆，三秋各有不同，这也是古谱反复强调的一个问题。蟋蟀的用盆与其对温度的要求是紧密联系在一起的，也可以简单地说用盆问题就是一个温度问题。蟋蟀饲养的温度要求总的来说是要适宜，包括两个方面，即早秋的降温和晚秋的保温。早秋天热时，谱云“盆宜古大”、“盆窝要凉”。历代玩家都明白一个道理，即早秋用盆，盆愈古愈好，愈宽大深厚愈好。古盆或高大深厚之盆，能隔住外界热气，使盆内保持一个潮湿阴凉的小气候。像明清古盆，就是在炎夏也有一股阴森清凉之气，蟋蟀置身其中，恍若世外桃源，自与新罐不同。为什么诸谱皆强调早秋不可使用新罐呢？因新罐刚出窑不久，本身燥热之气未除，隔热效果自然就差，而且有些新罐还带着浓烈的异味，难以使虫安神养性。蟋蟀在野外住在阴凉舒适的土穴中或墙缝里，吸吮着清新的大自然的气息，过着自由自在的日子。当它被人们捕来并禁锢起来后，只有创造与自然环境相近或更好的环境，才能使它顺利地发育生长，并培育出坚强的战斗力。可以说古旧大盆就能达到这个目的，而新盆则不行；不仅不行，甚至有可能对虫造成戕害。

除此，还有其他辅助措施。比如，早秋时要把罐置于阴凉潮湿和通风之处，使罐保持在湿润的状态。若把盆放在干热之处，即使是古旧大盆，也还是很难使罐内保持阴凉。另外每天涮罐，除了卫生，也改善了罐内湿度，并有利于降温。天热时可以涮罐两次，中秋和晚秋每天一次。

在没有陈旧盆的情况下，也可以对新盆加以处理再用来养虫。处理的方法有多种。一是将盆用开水煮过，再放在井底的泥中浸泡一二个月，捞出洗净，放在烈日下暴晒。也有的用绿茶煮。还有的直接把新盆埋入地下，等明年再用。这样做的目的都是为了消除新盆的碱性和干燥之气，增加它的湿度。

到了晚秋，天气渐冷，再用旧盆就显得温度太低了。古谱云“旧盆不用换新盆”，就是说要及时换新盆，新盆的保温效果好，这一点与旧盆是截然相反的。另外还有衬纸法，就是在盆内以软纸衬贴，使虫不直接接触泥盆。天气更冷的时候，古人还发明了“吃汤法”，也就是利用热水为虫保温，以利其继续生长格斗。

三 苦斗将为谁，微身不自谋

——蟋蟀的斗法

俗语说：“养兵千日，用兵一时。”如果蟋蟀的挑选可比作选兵，蟋蟀的畜养等于养兵的话，那么蟋蟀的格斗自然就是用兵了。人类的战争讲究战略战术，蟋蟀的格斗也有种种奥妙在，在这方面前人积累了丰厚的经验，可供今天的玩虫家参考。首先是比法。何谓比法？就是比蟋蟀体形的大小，体重的多少。古人称为“比对”，也称“比合”。蟋蟀的格斗，与现代的拳击运动十分相像，一个基本的要求是蟋蟀要在同量级的“选手”里格斗，分出的胜负才能让人口服心服。在比对时，除了比蟋蟀的长短大小，还要从体形体色上进行比较，包括身体的各个部位，一点也马虎不得。前人还总结出了所谓“斗忌”，即对哪些可以斗，哪些不可以斗，做出了具体详尽的规范。在“芡法”一部分内容里，前人总结出来的不少东西较有科学性，值得我们格外注意。芡法分得很细，不同芡法的细微差别，对调整蟋蟀的斗性及最后的胜负结局，都是大有影响的。比如上锋虫和下锋虫，芡法是不同的，若能正确使芡，下锋虫可能反败为胜；如果不注意这个差别，也可能反胜为败。芡法有很强的技巧性，需要悉心领会，长期训练，方可达到驾轻就熟的程度。

（一）比对

古代斗蟋蟀讲究双方的虫要大小相当，就像现代拳击运动要在同量级的选手中进行，双方蟋蟀颜色相对，大小合适，才可以合斗，这样既显得公平，比赛起来也精彩。若是两个大小过于悬殊，战斗力相差太大的蟋蟀相斗，结果可能是一触即溃，就失了游戏的本意。蟋蟀的体色也非常重要，虫主发现对方蟋蟀的颜色比自己的强，即使大小相差不多，最好还是避开，不与它斗。兵书上说“知己知彼，百战不殆”，就是这个意思。除了体形体色，在老嫩、品种等方面也有严格的规定。所以古代玩家总结出“比法”，或曰“比对法”，就是在比赛前先比双方蟋蟀的大小，只有大小相当，各方面的条件相似，才可比赛。古谱上有比对歌诀云：

先比头，　　次比身，
次比腿，　　次比色。
头大终须大，头尖齿必穷。
狭长不耐斗，高厚始便宜。
黑白饶他大，青黄不可欺。
翅松折肉体，紧实最为奇。
铜铃三角额，此等让些儿。

先提出总的要求，即在头、身、腿、色几个方面进行比对。接着又有具体的规定，即头大者优，头小者劣；身体粗壮者优，细长者劣；双翅紧密者优，翅松者劣；黑色、白色蟋蟀不敌青色与黄色者；铜铃、三角额难与强虫相斗。这些条件都要兼顾，不可偏废，要综合起来衡量，有的条件并不是绝对的。比如，一般来说，蟋蟀相斗最怕大小悬殊，所谓“不饶大”，就是指不要用小蟋蟀与大蟋蟀相斗，这是古代十分重视的一个原则。但是，如果对方是黑、白虫，自己是青、黄虫，体色占优，则不妨以小斗大。

古代非常重视比对这一环节，认为这是蟋蟀交斗胜败的关键，所以合对的时候双方都要仔细观察对方蟋蟀的好坏强弱，以及是否符合时令。如果在这些方面己方能占六七成的优势，对方只占三四成，斗起来必然取胜无疑。如果双方力量相等，就要格外小心，仔细斟酌。因为力量相等，就会有先上口和后还口的区别，胜败往往就在这里区分，而这不是眼力所能预先看出来的。至于蟋蟀体形的大小，一眼就可以看出来。有的人认为自己的虫大就算占了便宜，好像必胜无疑，结果却失败了。其原因在于胜败的关键是强弱优劣，而体形大小并不是唯一的标准。古代的玩家就此打了个比喻，就像银子的成色，九钱足色的纹银，与一两八色的银子相比，如果后者去掉二钱的铜铅，前者仍然高出一个成色，只是重量多又有什么用处呢？

也有人误以为蟋蟀肉多斗起来耐得住咬。试想善于打拳的人，擒拿跳跃，战无不胜。如果耐口就等于善于战斗，岂不等于说不善于打人，而只是能挨打就是善于战斗了吗？俗话说：“他出拳打，我拿背挨。他吃大亏，我占便宜。”这也是把肉多当作将军，实际上必然不能耐口而失败，这样看来肉多又有什么用呢？实际上更重要的是，骨头多肉少的才是佳虫，骨肉相等的要次一等，肉多骨头少的更在其次。至于神态俊美异常，风度轩昂的更是上等好虫。当然，也不能把有没有肉作为优劣的唯一标准，实际上体大而粗糙松软的，不如长得洁净而紧凑的更有战斗力。

至于蟋蟀的头，有方圆的区别，而头方的是上品。但圆头的蟋蟀身体必然也长得圆而且肉少，方头的蟋蟀头既然方而肉必然多。如果就根据这些来合对，一定是圆头胜而方头输。如今有人往往只以大小来判定蟋蟀的勇还是不勇，看见方头似乎大，圆头似乎小，便欣然同意合斗，结果仍免不了失败。

比对时对蟋蟀双翅的比较也很重要，不论颜色如何，只看蟋蟀翅膀是厚是薄，才可决定可否合斗。如果对方蟋蟀的双翅颜色淡薄，才可与它斗；若对手翅色浓重，千万不要与他斗。

总之，对蟋蟀要认得准，看得透，这样才能在三秋的格斗中游刃有余，夺取胜利。大家只要留心玩赏，自然能有所体会。

（二）芡法

初局芡法

双方虫主比过蟋蟀大小和体色，商定可以合斗，蟋蟀也振翅鸣叫，双方各持芡草逗虫。先轻撩蟋蟀的尾须，然后再碰它的小腿，蟋蟀只要有反应，再轻轻地扫它的牙口一芡，用芡草左右引逗。如果这时虫性起来，再扫牙口一芡。若见蟋蟀斗性旺盛，扬翅鸣叫，等它的双翅闭拢，才可以把它拖领到闸门前。要等对方回话，才可提起闸门。这时双方虫主要将芡草架起，不许过棚。如果蟋蟀身体横向站立，可用芡草轻点，使它站正，但不许撩逗。这些是斗蟋蟀应懂得的规矩和礼貌。

两只蟋蟀相斗，千万不要震动惊吓它们，以致其受惊胆怯，没有勇气再去与敌虫相斗。万一受到意外的震动，即使两只虫性情安静，也不要马上用芡，要等它们的头须摆动或者行走起来，再把它点正，等待分局。

蟋蟀双方格斗一局结束后，要分清斗场局面。两只虫中先走动的一只，或者头须先摆动、张翅鸣叫的一只，应判为上锋。如若虫斗后躲在斗盆的四角，或者是挂榜、反手、迎门等地方，说明它已是下锋，一定要等到它的头须摇动并走动起来，才可继续下芡。如果是躲在斗栅两头的顶门和中闸跟前，对空摇头，更要等它走动起来以后，用芡点正，然后再进一步使芡。

掌局人喝叫双方停芡，双方就要停芡。如果虫主主动承认自己为下锋，就定为下锋，落下中闸。等到重新开战时，上锋的虫主使芡让虫鸣叫，下锋的虫主细细地用芡。如果蟋蟀被斗怕而没有了勇气，可将虫引领至斗栅的四角再用芡，若果然没有反应，在虫的头部再使芡三次，下锋手可以将中闸板落下，将虫赶出，双方兑彩。如果下锋虫三番四次地使芡而有斗性，才许上锋虫使芡，但只许上锋芡虫鸣叫，而不许追扑下锋。若上锋怜惜己虫，允许减分数决出胜负。这是古代苏杭一带斗虫的规则。

上锋芡法

蟋蟀格斗取胜，监栅的裁判宣布放下闸门，分出上锋和下锋。取胜的一方将虫领到中间的闸门跟前，用湿纸将蟋蟀搭盖起来，不停地用芡草引逗，使它一直保持着斗性。但不要频繁地以芡草扫它的牙齿，只要轻轻地点一点就行了。等到下锋一方有了回报，再用芡草将虫点正，再与对方交锋，但不许动作太大，使蟋蟀受惊吓而逃跑。

取胜的虫如果下芡太早或太重，使虫牙根疼痛，在斗笼里到处走动，就不可再下芡，要马上用湿纸搭盖在它的身上，等它的疼痛停止后再慢慢地用芡草撩拨，但也不可扫它的双牙。等下锋虫恢复斗性，才可将虫调理妥当与对方交锋，这样在格斗中才不会有什么失误。

也有的虫本来斗败了却假装胜利而鸣叫，古人称之为“伪鸣”，必须细细察看，不可当作上锋虫而贸然下芡。

下锋芡法

对下锋蟋蟀用芡，不可过于频繁，只要激起它的斗性就行了。用芡草撩拨得使它鸣叫，引诱得它警觉起来。等到它略有行动，再轻轻地芡它的头部、背部，以及腰部和尾部；然后轻摩它的拐头，以及蟋蟀的左右背和肋下，以引它起性。如果蟋蟀还不动的话，就再撩它的小腿和左右肋。若虫对芡草有反应，跟着再芡它的爪花；若虫有意，接着再在虫的牙口轻捻一芡；过一会再这样来一遍。如果发现蟋蟀双牙紧闭，牙关也没有受伤，这时要在它的腿脚上使芡，挑撩得使它性起，振翅鸣叫，等它双翅收闭起来以后，才可以再接着用芡。一定要把虫性逗得旺盛起来，并用芡草拖领几次，才可以向上锋虫回报。此时再提起中闸，双方虫主把手中芡草架起来，让二虫自己相见格斗，这样才不会失败。

下锋虫一局结束后，只限定烧半根香的时间，时间一到，就要用绒线做成的芡草，在它的左右大腿的内侧轻点，那么它的斗性就会激发起来，跃跃欲斗。然后要在它的脖项上轻擦，接着在它的面额上用芡，以使它迅速地向前寻斗。等使完这些芡法以后，还要用芡草轻轻地引着它的身体向左，再由左引着它向右，令其如风车一样旋转不定，这样它的气势才能完全舒展，才更威武雄壮。等蟋蟀的双牙收闭，开合自如，再请上锋开栅重斗。

慎用芡

处暑时的蟋蟀，最宜静静地调养，千万不要随便使用芡草。买的时候只要略微撩拨一下，看看它的牙钳以及开合的快慢就行了。如果使芡太多，必然对虫有损害，致使蟋蟀有练牙的毛病。浙江人的旧例，只有到了白露以后，才允许使用芡草，这是十分有道理的。如果是出土较晚的蟋蟀，就应该使用旧芡草，使劲地撩拨它，若没有害怕的意思，斗起来就不会失败。蟋蟀在斗性要起来的时候，若用芡引逗，它就会追赶雌虫咬斗；性情暴烈的蟋蟀甚至不与雌虫相贴，或者是咬水盂，出现各种各样的毛病。所以，即使是用热水保温的蟋蟀，养到一百天的时候，也不宜随便使芡撩逗。

芡法纠谬

双方比完大小之后，商定斗彩的多少，然后分别用芡点对方的蟋蟀，使它鸣叫起来；之后才点自己的蟋蟀，并赶到千金闸下，这时虫应该面对着自己，背对着闸门，对它使用献掌芡的芡法。等千金闸打开，再用芡使蟋蟀掉转过头去，对敌交锋。如今在栅门口对虫使芡，觉得十分费手，虫的力气也白白地先浪费了。等斗了一个回合，二虫分开，占上锋的看下锋虫在何处，便芡自己的虫鸣叫起来，并到对方寻斗。如分局后，占上锋的一方用芡把自己的虫引到本局，并且头向己方，这样就不必担心敌虫来追赶，无须用布掩盖或者用芡杆拦挡下锋虫。应该按照芡法的要求，细心地用芡。蟋蟀斗性的大小强弱是一定的，不是用芡能够挽回来的。总的来说要公平，使双方虫主都能应允和谐。如今的人把奸诈当作有计谋，见虫稍微有些下锋，便再三拖延，用布把虫遮盖起来，偷芡一芡不算，还要一而再，再而三，或者借口延迟，或者更换芡草，丑态毕露。至于蟋蟀抬头向上，或者钻入斗栅的角落里，叫作挂榜芡，最易开牙。如今反而用芡草把它顺下来，更有的人在尾须上使芡，称作催正，正好与“负后须虞尾箭伤”的要诀相违背，所以往往使虫受惊逃跑。也有的人在千金闸的缝隙里下芡，更是荒谬悖理。这些都是掌芡的人没有得到芡法的真传，只知道用拖延的战法。

斗口斗间

蟋蟀的性情各个不同，就像人有的好动，有的好静，有的喜欢斗智力，有的喜欢比力量。斗口的蟋蟀勇敢，斗间的蟋蟀聪明。斗间的蟋蟀忽然间改为斗口，说明敌虫较弱；斗口的蟋蟀改为斗间，说明敌虫力量强。如果蟋蟀在盆里不走不动，但一听到蟋蟀的鸣叫，马上满斗栅飞奔跳跃；也有的看起来行走如飞，遇到敌虫后，却只鼓翅鸣叫而不上前，这些都是善斗之虫。而且有的只一口就能咬败对手，有的则需要百口千口才能赢；百千口才能赢的，一定也能受口。有的虫是你一口我一口，有的虫则是连咬两口；有的虫顺地打滚将对手颠翻使其腿脚折断，有的虫连连下口将敌人咬昏取胜。有的蟋蟀看见双钳单薄者的对手转头便走，赶上去一口即赢，双钳用力必然很重。但当它碰上能盘的对手，却反而表现不佳。还有的蟋蟀遇到软弱的对手，就奋力撕咬，遇到强敌却又双牙紧闭。也有的一直斗了几十场，每场都是交口便赢。以上种种，千奇百怪，不可思议，这些都需要监局手到时候细心考虑。

凡是第一次开牙相斗的蟋蟀，就能取胜，或者是敌人怯弱退却而走，都可算是将才。要看斗过之后，它的马门是否被咬坏，双牙开合时是否疼痛。应该让它静养一二十天，再斗一场。如果能够出钳较重，这也能成名将。如果越斗咬的次数越少，就更成无敌了。虫受芡后并不轻浮急躁，表现极其稳重，对敌虫下口迅捷，毫不停顿，这在斗品中可算上等。若是其形色又能合乎标准，肯定能成无敌之将。

蟋蟀格斗犹如人的拳法一样，有很多名目。古谱上总结过十几种，如双做口、造桥夹、两拔夹、磨盘夹、炼条箍、狮抱腰、猴狲墩丢背、仙人躲影、王瓜棚、绣球夹、黄头儿滚，及勾、留、剔、捺等名目。

芡法歌

芡头要长杆宜直，把芡必须施巧力。
轻松落处视其情，手法活泼方合式。
把芡犹如船把舵，胜负全凭运芡妥。
芡草须采白露前，老嫩茸丰无不可。
不离左右长持芡，临斗之时多少变。
回身芡若杆前遮，踢着之时多伤面。
披古论今无二法，玄机密旨搜玉匣。
演习三秋英气豪，太平有象讴歌洽。
起闸须防出马枪，回身当虑顺牵羊。

栅旁拔剑牙门损，负后须虞尾箭伤。

修云补雾藏机幻，伏虎降龙指法强。

局中芡术凭君戏，到处群雄拱手将。

运芡心灵手巧

对芡草的运用，以心灵手巧为第一；如果心拙手笨，何谈运芡。两虫合斗的时候，无论是第一局还是二三局，无论是上锋还是下锋，都要按照一定的法则运芡，使蟋蟀的斗性勃发而张开双翅，由此而开局。开局之后，必须用芡杆在蟋蟀的周围护卫着，不要让蟋蟀的头偏向一边，这样才不致受到对方意外的攻击。斗胜的蟋蟀要引出栅外，用掩布盖住虫罐，观察它的斗性和气势，不停地用芡挑逗，目的是保持它的斗性。斗时的运芡法，也要一一按前面的方法进行。总而言之，心灵手巧四字，是运芡的总原则。这四字缺一不可。

用芡就像用毛笔写字一样，写小字用手指，写中字用手掌，写大字用手腕的力量。使茸芡用手指，使老芡用手掌，至手腕则是不用之用，也就是茸芡、老芡都可以用手腕。蟋蟀斗起来之后不再用老芡，是害怕它本就怯敌，骤然间用芡，反而会使它惊慌疑惑不定，所以只能用茸芡调理它的斗性。如果是刚刚交斗的时候，不用老芡不足以激起它的刚烈性情，只用茸芡撩拨，恐怕它的斗性难以刚烈得势。

用芡的方法有不同。苏杭一带的老手是用三个指头紧紧地捏住芡杆，夹在虎口里，全是用的手力。另外一种就是用三个指头撮捻。初学的时候，用一粒绿豆，以三个指头滚动，练习纯熟，这个方法用的全是指法。新安几个地方，芡法可说是达到最妙的境界。如今既没有得到苏杭的老法，又不能运用纯熟的指法，只不过自称是用芡而已。长江以北有些地方，竟然把槿树枝劈成扫帚的样子，在斗盆斗栅的旁边频繁地敲击，以驱赶蟋蟀，使两只虫相遇决斗，这就更谈不上什么用芡之法了。

掺芡

刚刚捉到的蟋蟀，见到亮光往往会跳跃不定，这是因为它的性情还没有驯化。这时使芡最好是在它的脖子上或肋胁间轻轻地摩擦，如果是在它的尾须或牙钳上突然使芡，必然会使它受惊跳跃。

点芡

蟋蟀如果不受后芡的话，用芡突然间点在它的肋、腿或尾须上，它必然以为敌虫来进攻，回头迎战，这时就可以在它的尾部用芡了。

诱（蜥）芡

蟋蟀在斗栅中沿着四角不停地走动，要用芡杆微微地引诱，但下手要轻，放手要快，过一会再下。如此再三地诱导，蟋蟀自然受芡。千万不要匆匆忙忙地用芡生硬地推拉，以免紊乱它的性情。

提芡

一碰就起来叫作提。用芡草在虫的前后左右，或者头上顶上，轻轻地提来提去，斗性没有激不起来的。但手法必须轻微而且迅速，用力全在虎口之间。

抹芡

蟋蟀斗后把头钻进斗栅的角落里，可用芡草抹它的头、腿及腹胁等处，等它回过身来，就可以用芡了。

挽芡

蟋蟀在斗盆里还没站稳脚跟，敌虫就来进攻，恐怕突然间会有失误，这时应当用芡草将蟋蟀挽定，并拨动使它正对着闸门，这样就没有什么问题了。

挑芡

蟋蟀在第一局里已经失败，第二局就难以受芡，要用芡草轻轻地挑动它的腹部，撩拨得它发怒性起，就可以一鼓作气而取胜了。

扴芡

蟋蟀虽然骁勇健壮，但不肯出局接斗，可以用芡草扴之，使它到闸跟前，就会出斗了。

带芡

蟋蟀不往前走，可以用芡草带动它，使它斗性勃发，就会随芡草而出局。

兜芡

蟋蟀到了晚秋，因已交战了很长时间，必然老成持重，步履稳健，不愿急忙向前，要用芡草在它的肋胁的旁边来回轻兜，它就会往前去了。

制芡法

如今大多把长鼠须用蜡粘到竹签上，做成芡子。虽然省事，到底不如用芡草做得好。做芡子的方法是，在白露的前几天，选取梗长得既直又长的芡草，先在饭锅里蒸一遍，再拿到太阳下晒干，蒸三遍晒三遍。再挑出茸毛丰富柔软、草色明亮坚韧的作为芡头的材料，草茸的梢上用苍蝇头上的血染过。

古代多用攒芡，就是把数十根芡草从头劈开，用胶粘在一根小棍上，有的像关羽的青龙偃月刀，有的像扫帚，用蝇头血染在芡头上。这种芡不但容易使蟋蟀开牙，并且能用芡头使蟋蟀从身下直透大腿，让它的两腿站立稳妥。极细的一种芡草叫绒芡，是用在两虫交口之后，恐怕下锋虫用芡后受惊逃窜，所以叫作细修芡。如今攒芡早已不用了，所以后人并不知道有攒芡。如果是两虫刚一交锋，只知道用芡草引虫开牙，又怎能使虫的六足稳稳当当呢？只有六足站稳，出口咬斗才能有力量，否则有误伤大腿和小腿的可能。

（三）斗忌

六不斗

荡胲无后芡，不食又沿笼。
啮牙并练牙，终须落下锋。

十二不斗

长不斗阔，黑不斗黄。
薄不斗厚，嫩不斗苍。
好不斗异，弱不斗强。
小不斗大，病不斗常。
大不斗色，短不斗长。
貌不斗实，阔不斗方。

十不斗

一为无情不斗。无情者，不呼雌，不鸣叫。

二为头昏不斗。头昏者，头光不开，头色不现，如蒙白雾，昏暗不明。

三为色淡不斗。色淡者，色不纯正，似是而非，有人说青，有人说黑，无以定色。

四为翅松不斗。翅松者，其身必虚；虚则无力，亦不善斗。

五为并翎不斗。并翎者，翼初僵硬；僵硬干枯，不紧虫身，翅不润泽，决无斗力。

六为尾垂不斗。尾垂者，则虫或老或病。

七为腿撼不斗。腿撼者，虫性胆怯；胆怯则腿撼动而无力。

八为牙损不斗。牙损者，虫曾出斗而牙受损，或因调养不善，如咬啮水盂而受损，或先天不足而有损。

九为卷须不斗。卷须者，牙钳受伤之兆，亦为乏水受热之兆。须即牙前饭须也，开牙钳时，必顺牙之开合而收放。须卷则细弱无力，斗必败。

十为沾油不斗。沾油者，虫因异味而受损，为废虫也。

亦为色相油滑之说，虫生油则三秋无用。

无砂不斗

到了霜降之后，天气渐渐寒冷，蟋蟀的身上项上渗出细末一样的砂，这样的虫才可称为大将；如果天冷之后虫的身上仍然油滑无砂，万不可用它去斗，否则只能失败。

好不斗异

人们所说的异虫，是怎么看出来的呢？比如说蟋蟀生的好像是青色的，但仔细看又不是青色的；仿佛是黄色的，仔细看又不是黄色的；似乎是紫黑色的，仔细看又不是紫黑色的。牙齿长得肥壮而坚固，身子生得宽厚而健壮，斗起来下口便赢，只要被它咬着就昏沉要死，这样的蟋蟀就算是异色之虫。也有的长得头额尖削但身宽如琴，或者头额下垂牙齿尖长，肚子就像一个大囊拖在身下；还有的两只翅膀长得就像琴琶一样高高地翘起，或者头与尾两头下垂而身体弓起来，或者两头尖削腰背浑圆就像枣核一样，这些都可以称为异相之虫。凡属异相蟋蟀，必然勇敢善斗，即使那些正色的蟋蟀也应该避开它们。俗话两虎相争，必有一伤，更何况是与这些异虫相斗呢？

俗语说："蟋蟀无异不斗。"可也有人说，有的蟋蟀虽有异相却不能斗到冬天，那么它的异相是可取呢还是不可取？到了冬天还能斗的蟋蟀，是异还是不异，用什么来判断呢？其实，所说的“无异不斗”，是指蟋蟀的气度出众，犹如鹤立鸡群，自有一种其他虫所没有的神情态度，无非是说它不同于那些平庸之辈，并不是拘泥于四只牙八条腿那样的奇异。所以真正的蟋蟀鉴赏家把那些说异又不异，说不异又与他虫不同的蟋蟀看作珍宝。

斗不可频

古人论蟋蟀说，蟋蟀格斗后，要过三五天才能再次上场。如果斗时咬过二三十口的蟋蟀，可以休息六七天。要看斗时下口的轻重。如若下口重，用力大并身上带伤的，要把三尾隔开，二三天以后再下。如果没有同窝的雌虫，格斗时用芡要使用软勾法。合斗的当日清晨，要以芡撩逗，若蟋蟀的斗性恢复，见到芡草就追赶，而且鸣叫声十分响亮，这样就可以交战了。与雌虫合对后雄虫的精神会更好。若蟋蟀神态懒散，千万不要勉强。十天过后，看虫恢复了斗性，用芡草引逗，便鼓翅鸣叫，这时才可重新合斗。假若蟋蟀慵懒，没有斗性，就不可再斗。咬上百口才赢的不算稀罕，只用一口就赢的胜过百口。还要知道一口就赢的，用的力气比数十口赢的还要多，更应当休息调理。如果因为蟋蟀的斗口少，就认为不要紧，马上与人再斗，以致失败，多可惜啊！

两雄相遇，胜负立分。斗赢的人自然心中高兴，斗输的人不免面红耳赤。之所以斗败，虽说也许是蟋蟀不勇敢，最终还是人的过错。如果说到时令，必定是早秋时虫受了热，晚秋时又受了凉；要说到调养，肯定是饲养不周到，它的体力还很柔弱。或许是前次格斗的伤损还未痊愈，精神也未回复。或许是合斗的时间没有一定的规律，三秋时饲养的禁忌没有严格遵守。这就无怪到了格斗的时候难以取胜了。兵法上说："善于战斗的人首先要把自己立于不败之地，而且也不放过任何打败敌人的机会。"此话说得真好啊！若是根据时令的变化用心调养，合斗也按照一定规律，虫身上没有伤损，虫的大小轻重相称，就等于把自己置于不败之地了；至于对其他虫的体形体色可以不在乎，对方再勇敢也就不怕了。斗时下盆前，要称准重量，选择相等的对手就可以开斗。天热可以把斗盆移到有凉风的地方，天冷时在阳光下让虫晒晒太阳。如果斗的时间拖延，还要让掌盆的人重新称过。这时首先要平心静气，不要乱喊乱叫，以使自己心神不宁。如果在比对大小的时候弄错，最后自己能否取胜，就很难说了。所以平时相斗的时候，只要按照一定的时间，不与大虫相对，就不会有不胜的。如果一心逞强好胜，一有失误，后悔也就晚了。

（四）得时

到性方斗

秋天斗蟋蟀，最要紧的是要与时令相符；如果能得时，则会有胜无败。古人只是说，某种颜色的虫某个时候能斗，这种说法似乎显得过于拘泥。正色虫中只有黑色和白色两种虫最晚，杂色中以体色浅淡的虫为最晚。其他的虫都是也可以早也可以晚，总是以到性为得时。什么叫“到性”呢？蟋蟀在盆里，不再害怕光亮而乱跑，站立不动；打开盆盖后，蟋蟀的两只头须摇摆不定，东张西望显得有斗性，就像蛇那样弯弯曲曲地爬行，或者像蚕那样左右转动，这就是到性了。

饲养调理要用心，养到白露后的三四天可以开始合斗。如果确实是真青、真黄色的合格好虫，不要斗得太早，要一直等到深秋的重阳节前后，它的牙口才变得真正坚硬起来。不要在它牙口还嫩的时候就斗，若斗得牙口受损，就太可惜了。总的来说，要看蟋蟀的颜色是老是嫩，只要颜色还没长足，就暂且不要斗。要等到体色变浓，再辨明身长大小相等，然后才可合斗，但不要斗得太多。所以蟋蟀经上说，少年人大都太急躁，养主要引以为戒，如果要想稳稳地赢对手，一定要求大小相等，不要与大虫相斗。

斗前去水食

蟋蟀不斗的时候要多给它加食，快要斗的时候则要少喂。开局交斗前，要把蟋蟀的水食去掉。去食的时间很重要。如果去食太早对虫的身体有损害；去食太晚，则担心比对时虫体太重。最好头天晚上只给它水饭吃。如果是中午时称重，要在黎明时去掉水食，可以保证没有妨碍。斗得多的蟋蟀，入冬用暖水保温后，往往退食太早，以致衰老太快。应该每天喂给它稀粥，偶尔再用青菜、茭白、扁豆煮粥喂它。如果仍然不吃，就说明它难以再斗了。

早秋时捕到的蟋蟀入盆之后，应该耐心饲养，到中秋之后与人比斗，必然会勇猛善战。最忌讳常常打开盆盖观看，尤其是不可在日光下观看。当虫的牙根还很柔嫩的时候，不要用芡草挑拨引逗，恐怕它的牙齿开闭太频而受损害。若能如此爱惜，蟋蟀自然不易衰老，到深秋时必然更为健斗而取胜。现在的养虫者，往往喜欢早斗，这时虫的气力尚未长足，以致失败，这就不是蟋蟀的过错了。

试斗

体色浅淡的蟋蟀，或者是黑色、白色的，养到霜降的时候如果仍然没有开口咬斗，其中长相好的，要马上让它出栅试斗一次，看它出口的轻重。也有的不马上交斗，而是用芡草软勾虫的双牙。总要拣天气暖和的时候，才可以让虫出来交斗，否则就会有失误。另外虫的身体受冷，大多不能合牙相咬。如果正好两虫实力相当，虽然双牙用力叉夹，或者空嚼牙齿，以致马门都被损伤，等分出胜负，蟋蟀已经不能再斗了，虽然有好虫，最后也成了废品，就像有志不能伸的英雄一样，即使后悔也来不及了。

冷虫若合斗太早，就会因为身体柔嫩而受伤；热虫斗得太晚，则又因为太老而失败。造成这些问题的责任在于人，而不是虫不勇敢。凡是红色、黄色的蟋蟀，都是冷虫；身上有红铃的，大多生在潮湿温热的地方，即使长相再好也没有用处。假使红铃脱落，蟋蟀的全身就会生满疮，也就是所说"浑身犹似一朵花，红铃难托"的意思。

让蟋蟀过于频繁地格斗固然不好，也不可长时间不斗。如果停斗太久，突然间遇上口快的强敌，便无法还口，这是因为它口太生的缘故。所以说，每当格斗取胜后，如果三五天没有比斗，也要用软勾法，略微斗几口，犹如当兵的操练一样。也不可用无用的蟋蟀与它戏斗，以免使虫养成下口过于轻敌的毛病。软勾后仍然按照老办法调养四五天，才可重新出斗。即使是一口就咬败了敌手，也要让虫休息；因为一口就赢的蟋蟀，也用尽了一身的力量。

蟋蟀个大的战胜个小的，这没有什么了不起；若能以小胜大，这样的虫倒应该爱惜，千万不要让它频繁地比斗。如果初秋时初次比斗，一斗便赢，而且出口快捷，这样的虫尤其是上品。蟋蟀的勾斗都要在斗栅内进行，若是在盆里，恐怕出差错。

斗审三秋

如果是紫青等杂色的蟋蟀，以及绣肩、红翎、月头、浑油黄等颜色，早秋的时候就可以上场合斗，偶尔有从早秋一直斗到晚秋的。至于长衣、阔翅、翘翅、笃翅、梅花、麦梗紫、拖肚、尖头紫及其他各色，中秋时才开牙合斗，可以一直斗到冬天。到了霜降后天气渐渐寒冷，就只有真青、真黄、黑黄等上等的五色将军还可斗，尤其到入冬之后，更显出英雄本色。

看与斗

俗话说：三分看，七分斗。说的是光用眼看没有凭据，而斗出输赢是有凭据的。按照这种看法，三分看是无足轻重的。但我却认为是七分看，三分斗，应该以看作为标准，试斗不过是用来印证看的结果。我这里所说的三分斗，也还不过说的是谦虚的话，与俗话所说的正好相反。就时下的看法来说，也必须先讲看，后讲斗，才是完全的。然而如今人们笼统地说是运虫，只因他们历年来用背孤击虚之法，常常在斗蟋蟀赌博中取胜，所以反而把斗放到了第一位，全不讲看蟋蟀的眼力如何，实在太糊涂了。

热色的蟋蟀适合早斗，这是顺应它的急躁的虫性。中秋时天气凉爽，没有暴热暴冷，蟋蟀若没有其他毛病，尽可以斗，不必担心。如果是冷色的蟋蟀，必须等到重阳节前后，才开始让它开口，这样才能使它的牙长得更为坚固锐利。如果蟋蟀的体色尚未长足，也不妨推迟几天再斗。到了临斗的日子，要以天气风和日暖为好。如果过于严寒，阴雨天气，不要开斗，等到好天气才是好办法。

（五）斗局

古代斗蟋蟀局规十分严格，有一整套规范，但不同时代与不同地区有所不同。江浙一带习俗，每年到了秋季，大家都畜养蟋蟀，用来比赛赌博。康熙年间，苏杭一带玩蟋蟀最盛。到了深秋，虫友们聚集在苏州。开赌局的人预先找好宽大的斗场，织造府也发布告示禁约。这期间，酒馆茶棚，饭铺点心，以及叫卖糖食果饼的，无一不有。各地来的斗蟋蟀客人，在天刚明的时候，都提着自己的蟋蟀在灯下比对。凡是比对相称的，分别编号放在柜子里暂存起来，虫主各自回去吃早饭，饭后再入局交斗。

最早规矩是崇尚相互比对大小，然后合斗赌彩。后来的斗局渐渐消散，便转移到县城乡镇里去寻斗。乡民不懂得比合的方法，改用秤称蟋蟀的轻重，作为合斗的标准，并且自认为这才是最公平的。江浙一带的老玩家们，急于合斗，便也改变了以前的老规矩，随着大家用秤称完重量再合斗。但到临进斗栅，仍然用老方法比对大小，如果看出对手比自己强，便找借口提出不斗，甚至还有的借口花枝不对而拆开。又有乡民中的狡诈之徒，认为权力都在掌秤人的手里，每到一局，便先通过关系贿赂掌秤人，并且答应下局再为他增加银钱，目的是让他手下留情，把自己的虫的重量报轻一些。他们以为这是别人都不知道的秘密。等到这个风气流传开来，我这里行贿，你那里也行贿；这边答应再给秤手增银，那边也答应为秤手增银，结果双方虫的重量仍然是差不多。甚至是贿赂所许下的愈多，秤手反而有逆反心理，把虫的重量报得愈重。自己心里还以为是占了便宜，沾沾自喜，糊里糊涂地上了战场，唯恐敌虫不肯斗，岂不知早已上了别人的圈套。所以说，斗蟋蟀只有凭自己的眼力来决定胜负，若只是依靠轻重大小来赌斗，这就是下等的斗法了。

负责掌局的人及各州各府来斗虫的人一起来到斗场，公平地合对比斗。要等虫主双方都情愿，为每个人的虫编上号码，把虫盆放到柜上。开斗之前，双方虫主同到斗盆前，用芡草轻点，使虫张翅鸣叫，然后慢慢地用芡。假若掌局人存有私心，该停芡的时候不停芡，超过中闸去追赶敌虫，致使腿脚咬断而失败，掌芡人不但要赔虫还要赔钱。这些是早已形成的规矩，不容争辩。

蟋蟀竞斗规定三局两胜。第一次合斗就分出胜负，称为第一局。再一次合斗而分出胜负，称为第二局。第三次合斗而分胜负，就是末局了。如果已经连胜了二局，就不必再斗第三局了。在合斗过程中，虫主要斟酌斗场局势，采取相应对策，要看透敌我双方的局面。有时在第一局双方经过酣斗，并未分出胜负，感觉到自己的虫力弱，再斗就会失败，万万不可再斗下去，要主动承认自己输一局，向掌局人叫明下闸，让虫留下气力，重新培养它的斗性。等虫斗性稍有恢复，主动回身寻找敌虫格斗，这时再下芡挑逗。若见虫气势昂扬，然后开闸重战，大多能够取胜。

按照以前的斗局规矩，必须三次落闸，卷帘盖上之后才能分出胜败。后来又有了新的斗局方法，不需要落闸，称为痛口，连着三芡就能分出胜负。现在又改成更新的方法，不但不落闸，只要蟋蟀格斗后分开，就马上各用一芡；如果有反应就再斗，没有反应就说再饶一芡，随即分出胜负出局。

清代时昆山一带用斗蟋蟀赌钱，起初是用带的办法。所谓“带”，就是先听虫主报每盆斗多少钱，其他的人允许跟着下注，多少不限。但要两边搭配好，以赌彩少的一方为准，称作截轻带。在本局的输赢内按下注的多少分出次序，有的人能带着，有的人却带不着。杭州人斗蟋蟀，向来是用截轻法，偶尔也用计花枝的办法。后一种办法是愿意让人下注的虫主说：“我斗在头里。”下注的人也依照先后的次序，先由本主斗足，再由帮花的人次序帮斗；如果花枝不够，在后面的人就没有份了。猜放的办法向来以八放为常。八放的意思就是八折。原来每局的输赢都是十成，而猜放的则稍微少一些，使得贪心的人稍稍满足，所以用八折。到后来连头钱的一钱算上，又有七折、六折的区别。再到后来，又新创了让打的斗局，则用六折、对折作为规定。猜放可分为几等：双方虫主都愿意相斗但赌注不能相等，就随对方的注多少，而我余下的钱数，再采用猜放的方法计算。如果能赢，与局中的人所得到的不太悬殊，斗胜者要为局中加二成，这样猜放的输赢只还有十分之五。那么他们为什么还乐此不疲呢？他的意思是如果要求花枝相等，对方必定不愿意斗，现在用猜放的办法通融一下，使对方跟自己斗，虽然得到的不多，但比一点得不到要好得多。也有另一种情况，双方虫主都没有余钱，别的人善于打听或者相信某一方能赢，便跟着这一方，也用猜放。更有狡猾的人，见双方的虫大小悬殊，比对配合得不适宜，以为是猜放；也有的是不知内情，贸然附和，以为是猜放。根据狡猾者的看法，自然以为放彩为上面，接猜的都是傻瓜，理应是下面，所以自信自己的虫勇猛无敌，竟然有答应四折三折的。谁想每到节气相交的时候，竟然会有十分勇猛的蟋蟀，却一败涂地的。结果是放彩的人很沮丧地输了，接放的人却赢了个满局。这都是在没斗之前定好的。

在新安一带，放猜称为迋，有的在没斗之前迋，有的在斗完之后迋。如果将要分出胜负，稍稍占些上锋的才开始迋，以十折对八、七、六、五折，等到胜负马上就要分出来的时候，下锋虫只有一线希望，上锋虫竟然能有十对一的优势。有的人贪图侥幸，也偶尔接放，以致有看来要败却最后获胜的。其他还有种种情况，无法一一说清楚。猜放也设立小局，用红绿布分别做成布袋，编上号码，并有红色绿色的竹签，也分别写上号码相对应。做猜放的认明红绿球，拿出若干赌注，放在有号码的袋子里，双方拿着自己的号签。等到斗栅内的分出胜负，报明某种颜色的球是上锋，虫主便拿着号签前去清点彩钱。这种方法看起来似乎公正无私，然而仍然有人临时探听消息，或者用大的换小，以少的换多的。这是小局之内的几个人的过错，也不可不知道。还有的人不入局，只有两人相互合斗，到分清输赢的时候，有的逃得无影无踪，更应该谨慎提防。

彩头是开局的人取十分之一五的钱数，以十一两五钱为一大盆，五两七钱五分为半个大盆；至于一两一钱五分、五钱七分半，称作半个大盆、半个小盆。后来苏州的斗局渐渐颓败，昆山兴起；再后来昆山消歇，大家又聚集到嘉善的枫泾镇，并且又分散到松江；松江之后又到了平湖以及昆山的斜路朱家角，最后又分散到各个乡镇，就再也没有以前的盛况了。先是以斗多少盆计算，后来又改为斗花，每花一枝，每枝合银子一钱二分；开蟋蟀赌局的人取十分之二作为赌头；接着又改为每枝花一钱银子，开赌局的人仍然收取二分作为赌注，所以斗胜得彩的人实不过只得八分。如今开赌局的人愈来愈贪心，又新兴了饶让打头的规矩。虽然每局输赢有多少的不同，固然也应该这样；但一般情况下，最常见的是每局的输赢只按赌注的八折算，斗局的主人仍然要拿二成，斗胜的人不过才拿了六成。前后比较来看，不论输的还是赢的，结果都把钱消耗在斗局的主人身上了；可人们对此却没有察觉。古代扬州的富商权贵大多带着妓女去赌斗蟋蟀，赌注常常是成千上万，谁也不觉得奇怪。开蟋蟀斗局的人也把妓女当作诱饵，让她们唱曲演戏，摆上席宴招待来斗虫的客人，让大家痛享三秋斗虫的欢乐。

斗蟋蟀以取胜夺魁为最终目的，至于斗彩的多少，不过是微枝末节的小事。但也有人借斗蟋蟀来谋利，斗局中稍微有些不公平，便患得患失，全在脸上表现出来，甚至找借口耍赖，根本不顾行为道德。更有的人诡计多端，把已经斗过分出胜负的虫重新入局合斗，专做手脚赢人，这叫作鬼档。甚至有的小人用这个办法合斗一二局，反过来去赢对手，好把赢来的钱作为回家的路费，也可以赔偿损失的蟋蟀。人们只相信他们各为自己的利益，上了他们的圈套还不知道呢！也有的人仗着自己没有能斗的蟋蟀，却非要和人强斗。临斗的时候指使没人认识的心腹，在对方的虫上下注，或者用自己的虫接别人下的注赢人，这叫作单甩。这些都是偷鸡摸狗的盗窃行为。至于比对大小之后，又有人用大的换小，或者换盆盖，改号码；虫盆上柜之后，也有人从柜子后面偷换，甚至暗暗地损害别人的虫等弊端。

四　铁首蜂形，金腰虎背

——蟋蟀的形色

对蟋蟀形色的辨别是养斗过程中重要的一环，对最终能否取胜关系至大。养蟋蟀的目的是争斗取胜，但若不识虫的优劣，一开始就将一只劣虫养起来，虽然费尽心思，其结果却是可想而知的。谱上再三强调“养虫如养兵，选虫如选将”，如果本来就非将才，即使养得再足，武器再好，也难与真正的将才对敌。所以前人把这一环节看得很重，在这方面下了很多功夫。他们不但总结出总的辨别方法，而且具体而微地将蟋蟀的各个部位都分解开来，细加剖析，分清优劣。

（一）头

古谱云：“头之生，初秉先天之气而首成象者，故选虫先选头也。”意思是说，在蟋蟀发育的过程中，头是最先成形的，所以选虫要先选头才对。其实，古今玩家重视对蟋蟀头部的选择，倒不在于它是最先发育成形的，而在于头是全身的主体，是蟋蟀一切行为的指挥中心，而且经过世代玩家的经验，蟋蟀的老嫩、斗性的强弱明显地表现在头上。古谱上论蟋蟀的头时，是一个很模糊的概念，与现代昆虫学上所指的头并不是一回事。在昆虫学上，头是一个总的概念，包括头须、面额、双牙、水须、上唇等，是这几部分的综合体；而这些在古谱中都是与头分别论述的，可见在古代的玩虫者看来，头是不包括头须、双牙等几项的。我们必须承认它确实是个模糊概念，在很多地方，它是指总体；在另外的地方，又可能是指的某一部分，尤其是指脑线部分。

蟋蟀的头当初承受先于天而存在的元气，是首先成形的，所以选虫要先选头。头大的蟋蟀，得了先天之气，身体的五脏六肢都已发育得十分完备。因为元气充沛而形成蟋蟀的头色，要经过一次、二次乃到三次的变化，它的头色才能够确定下来。头色定下来之后才知道头的轻重强弱。蟋蟀的头上斗线分明，麻路清晰明了并且一直达到头顶，金黄色或银白色的斗丝细直，各种颜色的麻路布满头顶，光彩明亮，耀人眼目，虽然是得先天之气而成，也还与它的后天发育有关。头形和头色都精彩的，就更好了。这种光彩是由充足的先天后天的元气激发出来的，蟋蟀的刚强勇敢的形象，雄健剽悍的气势，都显现在头上。所说的“铜头铁额”，就是根据头形和头色而说的。必须先观察蟋蟀的头形，头要骨肉匀称，高大浑圆，棱角突出。看完头形后再看头色，这样头的两个方面就都具备了。

头像宝珠一样圆大，像水一样光洁明澈，颜色纯净而无杂色，斗线纹路细直且一直通到头顶，不高不低，不尖不偏，左右转动灵活，安闲静舒，这才是上品。如果头长得既小且尖，偏向一边，头上的纹路模模糊糊，体色浑浊不清，行起路来左右摇摆，站住时摇晃不定，这些都是无用之虫。

蟋蟀的斗性，明显地表现在头上，所以头的颜色是应该辨别明白的。蟋蟀有五种颜色，它们的头色也不混淆，只有真青、真黄、真紫这几色，实在不容易见到。黑色和白色两种，偶尔可以碰到。《促织经》上说：“黑白全无用，青黄不可欺。”以前开斗蟋蟀的时间很早，真黑和真白两种，都属于冷虫，并不是真的无用。头色要在蟋蟀的脑盖上辨别。额线的上面，斗丝所在的地方，叫作脑盖。青金色、乌金色的头色属青色，菊黄色和老铜色的头色是黄色；像宝石一样紫，如樱桃一样明亮的是紫色。纯正的黑色或白色，自然容易分辨得清楚。最忌讳的是头色过于柔嫩，似是而非。青色蟋蟀最忌讳头上带红色和黄色，这种虫即使长得很大也没有用处。红色的头相只有白色虫是不忌讳的。有的头色红得像珊瑚或者海棠花，又不娇翠艳丽，这是白色蟋蟀的真正头色；如果头是暗红色，就不是正色了。顶门要黑，要与脑盖的颜色有明显的区别，才算合格。黑色虫也是如此，如果头色与顶门的颜色是同一种颜色，就是太柔嫩的表现。头上需要忌的东西，《促织经》上没有详细论说。脑线的旁边，眼角的上面有黄点的，俗称画眉角，最忌讳黄点太大而明显；青色虫里最多，黑色虫最忌讳。如果有这种黄点，蟋蟀必然不善斗。还有一种，在两只眼角上有白线，一直延长到脑后，俗称画眉眼，又叫作油葫芦头，一斗就败。又有一种在眼角的下面，牙根的上面，犹如人的两个太阳穴，如果是紫红色，称作紫红搭脑，也是不斗的。黑色的蟋蟀，例如重青、暗黄、重紫等，刚出土的时候，真正的头色还没显露出来，都是乌黑色，迎面看上去，就像脸的两旁有黑圈，一直连到眼角，这是失败的征象。偶尔有养到深秋而退去的，但十个中一个也没有。

蟋蟀刚出土的时候，最忌脑后生毛，头上有白雾或白毛，说明此虫还嫩。额线的上边起黑圈，一直接着斗丝，称作脑晕，又叫按头，俗称瓜皮帽，也属于应忌讳的范围。总而言之，蟋蟀的头色要苍老而不浓厚，要明亮而不娇艳，避免一切忌讳，全身匀称适宜，这样就算得到了好虫。

尖头就是小头，常出将才，但只在紫色和青色虫中才有。如果是黄虫或白虫等色，只是在尖翅中才有。若不是尖翅，极难见到。紫色和青色虫，头虽然长得小，圆圆的只有胡椒核那么大，像一颗珍珠突出出来，俗名叫胡椒头。也有一种套项头，头的一半藏在脖子里，伸缩自如，俗名叫作乌龟头。这种虫的牙必须是红紫色，又细又长，与一般的虫不同。或者是笋棒钳、三尾钳，就以白色为好。至于黄尖翅或白尖翅，头虽然小但牙一定大，要配上淡红牙、红花牙、白花牙、白牙，而且身体紧凑结实，看起来就像橄榄的形状，俗名两头尖，也叫枣核形。又有一种身体方阔厚实，后面要比前面宽，就像琵琶形，这都是将军之才，养虫者不要因为它的头小而忽视了它。

柿子头、玛瑙头、蟹壳头，头相头色看起来还可以，斗起来却不行。若是麻路细直，并一直通到头顶，头形头色相配，才可以上场相斗。将星头额的中间有一个珍珠一样的点子，色黄如桂花，这是真正的将才，所以称它为将星。双飞头额上有将星。清代康熙年间，有一只杭州的双飞头，在苏州的枫镇战胜了盛德镇的剪刀钳蟋蟀，当时曾名传江浙。红麻头、青项金翅，金银色的斗丝直透顶中，这是上等虫；黄麻头次之，紫金翅又次之。

星头、月头之类，其他地方也有，但以古代的新安最多。诀云："十个月头九不斗，若能一斗便将军。"黄色者名叫铜头，能斗。如果是白色者，名曰豆腐点，不善斗。也有额前生有点子，迥异寻常，名曰佛顶珠，此乃枭将中之杰出者，不可与一般的点子相提并论。

油灰头即油灰额，其要亦取形象合格，但多此额耳。额有黄白二种，谓之金额、银额，以金额为美，然生于浅色之蛩方有用。若青黑重色生者，欲其善斗，百不得一。

上等的虫有：蜻蜓头，头和项高大浑圆；宝石头，里外明亮，头上的纹就像宝石纹；葡萄头，头长得圆大并且是紫色；如意头，头顶上有两条线，中间高两边洼；貂蝉头，头顶平坦双眼突出；金倒冠，额上是黄色；银倒冠，额上是白色的；狮子头及各种颜色的麻头。

中等的虫有：菊花头，头上的纹路像菊花瓣，纹路的根部粗大而梢部尖细；胡椒头，花纹是成块状；锈顶头，头为紫黄色，上面有黄锈一样的黄砂；蜜蜡头，头上的斗线纹路粗大。

下等的虫有：菩提头，头形扁圆，即使有好的也不过中等；月儿头，头形如半个月亮；螳螂头，头形尖扁；蝴蝶头，头尖小而有很多花纹；油葫芦头，头色暗淡无光，没有纹路；还有破头、尖头。

蟋蟀的头是红色，上面有黄色的麻路，并且斗丝一直通到头顶。头若是黄色的，并且长着白麻路，细直的斗丝直通顶中。其他如淡黄麻头、懒黄麻头、红麻头、青金麻头、紫麻头、白麻头、栗麻头、柏叶麻头、黑弯麻头、半红麻头、三尖麻头、竹乌麻头等等，头上的麻路、斗丝都要通到顶中。若长得与这些一样，都可算是正色的蟋蟀。

如果蟋蟀的头色鲜艳，麻路不透顶，或者连成一片，头顶上光滑油腻，腿脚细瘦，肉色苍黑而有斑点，都是不中用的。若是柿子头、玛瑙头、蟹壳头，看起来似乎可以，实际上仍然不行。凡是麻路中间变粗，头上又是艳色，好像星星点点一样，千万不要用。

（二）线

线即斗线，又称脑线、斗丝、头路、线路等，位于蟋蟀头顶的正中，纵向两条。也有人认为纵向的纹路该叫路，额上还有一条横向的纹路才叫线。不过大部分人对此区分得并不是太清楚，而是笼而统之地把头上的纹路称作斗线。古今玩家都认为辨别蟋蟀强弱虽有很多方面，但斗线才是定其强弱的最高标准。

斗线两侧和顶端的细纹叫麻路，也有人把这二者等同，作为一个概念。麻路的要求也是细直清晰，分布均匀。斗线在顶端开花的叫开花麻头，斗性更强。麻路若肥胖弯曲，或模糊成片，都不足取。

斗线各不相同，有粗细长短隐显的区别；有的甚至没有斗线。斗线的要求应该是细直、透顶、清晰，就是说头上的这两根纵向纹路越细越好，越直越好，越长越好，越清楚越好。反之，斗性就差。两根斗线要平行，而且间距愈宽愈好。像末端向外弯的羊角线，末端向内弯的牛角线，末端浑圆的鼓槌线，或斗线中途断掉的，都是无用之虫。

斗线的颜色有两种，黄色的称金斗丝，白色的称银斗丝。

也有人认为还有红斗丝。斗丝亦不可孤立地看待，它与蟋蟀体色的配合很重要。如深青色的虫，斗丝应该是银白色的，细直贯顶，斗丝两边清晰无迹，斗丝的顶端有开花麻路。金斗丝则应配深黄或黑黄色的体色。红斗丝应配真紫或黑紫的体色。不同体色的蟋蟀，其斗丝往往有一定的倾向性。如白色蟋蟀的斗丝白而扁，青色蟋蟀的斗丝浑而圆，黄色蟋蟀的斗丝多有麻路。

通常所说的白麻头、红麻头、柏叶麻头等名目，是根据麻路的形色及与体色的配合而言的。如红麻头，是指头色为红色的麻头，不是指麻路也是红色的。柏叶麻头，是指麻路的形状像柏树的叶子。根据前人的经验，斗性强的麻头有：红头黄麻路、黄头白麻路、淡黄麻头、懒黄麻头、红麻头、青金麻头、紫麻头、白麻头、栗麻头、柏叶麻头、黑弯麻头、半红麻头、三尖麻头、竹乌麻头，这些麻头都要求细直透顶。

生于当额的横线叫线额，初看是白色一条线，细看则是由两条似眉毛的线组成，所以也有人称之为眉毛。当两条线变粗而成一条线的时候，便称为“一线”。若是青麻一线，便是无敌将军。有的头色极重，几乎显不出斗线，只有一条白线横贯当额，更是天下无敌，俗称“墨黑一条线，诸蛩不敢见”。就是指此。一线忌浅色，像黄色一线，便是不取之虫。当一线粗成块状时，称为额子或额头。

斗线如能与线额颜色相反，也是将军之才。谱云“金线额银斗丝，银线额金斗丝”，就是指的这种情况，按照前人的经验，此种情况多出现在黑色虫和杂色虫中，而正色虫中一般不会出现。

蟋蟀的斗性全表现在斗线上。蟋蟀所以能分出强弱，是因为斗线有粗细隐显的不同。比如丝瓜筋麻头，若麻路细散活泼，便是佳品。柏叶麻头，表面看起来又粗又扁，以有情为贵。蟋蟀的斗性也在额上表现出来，额头上的一条横纹叫线。青麻头若有线额则为最勇猛之虫。谚语说：“青麻带线，将军带箭。”是说这种蟋蟀只要交口便能取胜，这又是将军中的杰出者。由此可知，斗线、麻路、线额都在头上，都与蟋蟀的斗性有关。

（三）脸

脸是头部前面垂直的部分，理应包括须、眼、眉、星门和马门（即上唇）等部分，但古谱所说的脸一般主要指星门和马门，即脸中间的部位；有的谱甚至只指马门，谓“俗呼曰马门”。因为蟋蟀的头须向来是被作为一个主要部分专门论说的，而眉又习惯上与斗线一块论述，所以脸基本上只剩下了中间的部位。古谱论脸也是从脸形和脸色两点着眼，更偏重于后者。脸的颜色与体色一样，也有青黄紫白黑之分。脸色的基本要求是要纯正，即青者青，红者红，不要掺有杂色，更不能有白色的花纹。脸色重者佳，脸色浅者劣。头等的脸色漆黑发亮，行家形容就像新铺的柏油，闪闪发光。如果黑而不亮，则为一般之虫。谱云“脸如锅底黑，此物号强良”，就突出了脸色愈黑愈妙。

蟋蟀的脸形一般为瓜子形，顶部圆阔，往下则逐渐变窄，最下方略呈尖形。比较而言，长方脸和大圆脸为上等。因为脸大则牙必大，牙大则下口重，自然能在格斗中取胜。有的虫脸大牙长，牙尖能触着盆底，那么必是重口将军。古谱上所说的“猫儿脸”就是指脸形短浅，上面又有条条花纹，这是无用之虫。

马门即蟋蟀的上唇，平时下垂盖住双牙，当双牙张开时，马门则提上去。因为马门的上下与双牙的开合有关，所以前人认为马门愈薄愈小愈好。马门薄而小则提上落下都很方便，双牙的开合自然迅速，对开口迎敌有利。马门的颜色古谱，主张色重为佳，黑色最好。有的马门在双牙张开时可看到一条红线，双牙闭合马门落下时则不见，这叫作牙开一线，为大将之才。

蟋蟀的脸有青、黄、紫三种颜色，要纯正而不要杂乱，要明亮而不要有斑点。两腮要微微鼓起来，上下匀称的为上等。如果脸与腮凹陷，上面窄下面宽，也没有用。最珍贵的脸要方正长大，黑脸是上等，深紫脸在其次，浅红色又带白花的是下等。最忌讳的是头尖削而两腮短小。《促织经》上说："酒醉猫儿脸，花花白路纹。"就是指脸形脸色而说的。蟋蟀的嘴唇叫马门，张开牙的时候卷起来，合上牙的就落下来，起落都要迅速。马门长得薄而且是黑色的能受口，遇上扛夹、剪夹、嚼夹，能保证不会有伤损。马门长得厚并且是白色的，敌虫咬几口就会把它咬烂，甚至再也不能卷起来，不能再斗。又有一种硬马门，用芡草引逗后张开牙齿就不再闭上，一定要在练牙数十口之后才能合上。但到了第二次用芡的时候，双牙的开合就与平时一样了。这样的虫也能成将才，然而总不如又黑又小的马门合钳快捷。开牙只露出一线的，没有马门受损的担心。星门突出的，也没有马门的毛病。这些都要在蟋蟀的脸上辨别。

蟋蟀的脸也有五色，最好的脸色是黑得像锅底一样，这一种斗性最刚强，是善斗的蟋蟀。其次，脸色要纯正清洁，上面有细纹。最忌讳的是脸上有花斑。古谱上所说“酒醉猫儿脸，花花白路纹”的一种是最下等的。纯白色的叫作粉脸。紫脸往上卷起时有一条红线，放下来时就不见了，这种蟋蟀是佳品。

（四）眼

两眼奇哉头内生，圆如椒子赛明星。
任他昼夜何曾闭，遇敌交锋不转睛。

蟋蟀眼要圆得像胡椒粒一样，里外晶莹剔透，红色或黄色都显露出来，最忌讳眼睛细小昏暗，没有神采。

蟋蟀有椒核眼、金眼、赤眼、碧眼等种种分别。玉眼颜色洁白而润泽。晶眼明亮可爱，犹如水晶发出的光辉，皎洁逼人。朱砂眼只有白虫中才有，两眼像朱砂一样赤红，令人看了目眩。

蟋蟀的眼睛黑得像乌漆一样，突起在额角之上，这样的是上等。如果两眼向前长在面门上的，更是宝贵之相。眼睛突起的，性情一定刚烈，斗起来出口沉重，超出一般蟋蟀。

然而脖子和后背宽厚的蟋蟀，眼角常常塌陷，也不可一概排斥。眼的颜色发黄的在其次。朱红眼虽然美观，却大多数不斗。其他还有碧眼、蓝眼，日月眼则是一只黑一只白，都是异虫。但结栅的蟋蟀，并不在此列。

（五）牙

蟋蟀的双牙是一对坚硬的几丁质块，末端有发达的尖齿，牙齿后面还有一层颚齿面，它是通过一个髁状突连接于上颚片上的。牙既是蟋蟀生存的工具，又是战斗的武器，它的形状是上粗下尖，里边有小锯齿，合起来的时候像剪刀，张开的时候像利剑，对战斗的胜负有直接关系，故古谱对牙的辨析较为细致。

牙色有红牙、紫牙、墨牙、白牙、黄牙、水红牙、芝麻牙、阴阳牙、猪肝牙等。不论何种颜色，都要颜色均匀，色泽明艳，倘有色差，便属嫩相。如红牙就要像血那样鲜明，紫牙要像玫瑰一样娇艳，黑牙要像黑漆光亮。若暗淡无光，红牙变成了肉红色，紫牙变成了苏木色，便是无用之虫。红、黄、黑三种牙色都属上等。但牙色都要纯净而有光泽，不能带有花色。比如牙色黑而无光，就成了猪肝牙，没有什么用处。黑色牙上有棕色纹路，是为绛香牙，不可小视。还有一些异色牙，如红牙或白牙有黑纹横截其中，称为铁门闩；黑纹在一边的叫纪牙，也都是无敌骁将。再如白牙上起红点，红牙上起白纹，白牙上有绿色，更是无上上品。

牙形亦有多种，如根粗头尖的竹钉牙，两头尖的枣核牙，牙形圆大，牙尖向内弯曲的团牙，粗圆而尖的虎牙，还有剑式牙、犁式牙等，多因其形而命名之。总的来说牙要宽大尖长，下口方能有力，置敌于死地。若短小单薄，下口无力，就难以对敌人造成威胁。牙的内侧有锯齿，锯齿愈深愈密，咬住对手更有力量。古谱上还载有所谓异形牙，如一只蟋蟀有四只牙，或者牙上没有锯齿的玉箸牙等，大约是没有根据的传闻而已，不必深信。

蟋蟀的胜败决定于牙齿，但双牙的老嫩最难辨别。有的看起来老实际嫩，也有的看起来嫩实际老的。辨别的方法，是在蟋蟀色相老嫩上细细地观察。比如极其干老的蟋蟀，即使牙色稍微有些不足，也绝没有潮嫩的毛病。只是牙的形式不是一种，牙的颜色也有许多不同。白牙要宽阔单薄，红牙要厚实浑圆，这样的才能成为将才。方白牙极粗极短。竹钉牙又尖又长，牙根粗而牙尖锋利。又有枣核式和剑式的牙，都可以说是贵相。像瓷碗一样白的，要红口红尖，才能称得上真白牙。白牙如象牙一样洁白光彩，虽然与黑色的爪花相配，也是可贵之虫。如果牙色白如清水并且柔嫩，就是水洋钳，也是无用的。其他的如象钳、老姜片钳以及糙米钳，都对颜色没有什么忌讳。浆牙的颜色有如干浆，既不黄也不白，黑口黑尖，最不禁斗口。黄牙若是长得像蜜蜡色，粗短浑圆又没有黑尖，也很可贵。紫色牙如果长得像紫宝石的颜色，极苍老能斗。各种颜色的蟋蟀，只有墨牙最为少见。真正的黑牙极尖极小，牙形像一粒荞麦，极其坚硬，没有敌手。又长又大并带着猪肝色的叫猪肝牙，没有可取之处。紫花牙在紫色中又有黑斑，红花牙在红色中又有白竖纹，都很可贵。大红牙俗名叫蜡烛红钳，像宝石一样光芒闪烁，尤其罕见。红牙里又带黑色并有棕色纹路，色泽鲜艳明亮的，是绛香牙；若是淡红牙，牙色要像水红花一样才可贵。蟋蟀刚出土时，长相能够入选，双牙不论是红是白，都要长得又尖又长。像糙米牙、老象牙，养到深秋的时候，常有变成宝石一样的红色。宽板老红牙，牙的里面要有锯齿。干老红牙，牙式像麦粒一样，颜色也与麦粒相似。又有细长的红牙，也极尖锐苍老，要以开口成一线的为合格。如果牙形是八字形，虽然长得又长又大也不可取。蟋蟀受芡时，两腮有耀眼的光彩，说明它的牙必然厚实苍老。如果没有宝光，就是太潮嫩。又有一种犁钳，牙根是白色的，迎面看上去，好像是紫牙却有很多黑斑；若是牙根带豆绿色，更是可贵。两节牙似是而非，这种牙是紫黑色的，牙根是粉红色，是无用之虫。异品的牙有铁门闩、单纪牙，无论牙色是红是白，都是黑色的花纹横在里面，这就叫铁门闩，也是无敌之虫。黑色花纹在一边的，也常出健斗的将才。其他像白牙上起红点，红牙上起白纹，白牙又有绿色，都是上上等的蟋蟀。

水须俗名饭须，又叫水钳，共有四根，前面的两根长，后面的两根短，保卫在牙齿的四周，是辅佐牙齿的意思。蟋蟀的老嫩可由水须上来辨别。蟋蟀的水须有三节，要粗壮而柔软，开牙咬斗时水须要抖擞有力。若是弯曲无力，柔弱贴牙，这种蟋蟀必然要失败。红色的水须是无敌的。水须微微带些黄色，第一节长并且上面有绒毛，是苍老的蟋蟀。黑色蟋蟀中常常有黑色的水须，贴近牙的一节，或者上面带有黑花，或者长得细小而不洁净，一定不善斗，就是斗也大多失败。水须里面有小白须，就好像牙内有肉芽，一定要粗壮明净，才是合格之虫。早秋收买时，蟋蟀或者受热，或者受到太阳的照射，水须便要弯曲而且贴住牙齿，这也是力量软弱的表现，不要一律看作潮嫩之相。选择蟋蟀的人能在蟋蟀的颜色上细细地辨别，就不会有所失误。有的水须长度能超过头，又能一边多一边少的，还有每边的水须多达六七根的，这些都是异虫。水须最好要洁白而卷曲，随着双牙的开合而活动。如果水须受到伤损，就要僵直。

（六）须

虫有双须，犹如戏曲人物头上的双雉，威风凛凛，平添了一股豪气。头须是蟋蟀的感觉器官，位于一对复眼中间的前端，通常呈刚毛状，上面布满了短柔毛，一般是体长的一点五倍。头须主要由三节组成。第一节为柄节，较粗，直径相当于其他节的二倍，紧贴在额部。梗节是头须的第二节(柄节与鞭节之间的一段)。第三节为鞭节，是头须的端节，它最长，上有几十个亚节，越靠近末端越细长。头须执行触角的生理机能，所以又称触须。头须转动灵活，灵敏度极高，能触知周围的物体和同类的性别。在格斗时，蟋蟀全靠头须来辨别方向。所以在畜养蟋蟀时，要对它的双须加以格外保护，不可有所伤损。

对头须的作用，前人的认识还是比较清楚的。如有的论述把头须说成是战斗中的“响道者”，也有的把它说成眼睛，秃须的蟋蟀称为“盲虫”，可见很重视头须的作用。前人对头须的要求是粗而长，柔而挺，摆动灵活。蟋蟀站在罐里，双须一直摇摆不定，说明它反应灵敏，在战斗中能迅速反击敌人。

须有青、紫、黄三种颜色，最好是又圆又粗，须的根部像圆珠一样突起，双须不停地向前摇摆，这就是上等蟋蟀。如若像丝线一样短小细微，说明它在发育期间曾受到损害，所以常常卷曲，并且不时地空嚼牙齿，头须像桅杆一样竖在那里一动不动，难以摇摆。这样的蟋蟀肯定没用，这是毫无疑问的。头须有独须、红须、竹节须、钢鞭须、蝴蝶须。独须是在头的正中间只长出一根头须。有红须俗叫红毛鞑子。竹节须长得像钢鞭一样，在紫虫红虫里较多，在其他虫里也偶尔可以遇到。蝴蝶须，两根须有一寸多长，须尖上有一个像鼓槌形的圆珠。有长须，一根舒展开来，一根卷起，相互间不断地更换。有交须，两根须就像蛇一样卷起来，见到人就放直。有披须，两根须不动，向后披散在背上，时间长了可以长到五六寸长，极其好看。又有棕丝须，也有四五寸长。

还有的须，有赤金环套在须根上。又有的只靠须赢，并不开口，只要头须打住敌虫就赢，也很难得。有一些所谓“异须”，如独须、阴阳须等，究竟有无，不得而知。古谱上的有些说法较为玄虚，要辩证地看待，不可全信和盲从。如说脆须每次格斗就要断去一节，而且双须少去的长短完全一样，不可参差，这就很难让人相信。其实有的谱对这些神奇说法并不相信，认为所谓蝴蝶须、棒槌须等，不是蜕皮时出了问题，就是受了伤损，并非天生如此，是卖虫的小贩们故意神乎其词以售其奸罢了。

蟋蟀站在盆里，两根须直立起来，交相摇摆不定，这种叫摇须，常常出健斗的将才。赤须又粗又长像红缨一样，极少见。卷须，两根须能卷到头顶上，就像小女孩头上的羊角辫，见了人就放开，斗长了也要失败。头须的中间忽然起了疙瘩，这叫结须，无论是在左须还是在右须上，都是难得的异品。还有的须上半节粗下半节细就像两节一样，这种须与节须一样可贵。如果须长得黄细僵直，或者细小柔弱且没有光彩，都是下等。

蟋蟀的头须和尾须，是显示威风的地方。头须有天地须、扫堂须，尾有玉尾。若是这样的长相，都是将军之虫。真正的天地须，一根往天上指，一根向地下垂。要是到了交锋的时候，两根须便一起向后一背，其勇敢难以阻挡。扫堂须，两须一直是拖在罐底，到与敌人交战的时候，也是一齐竖起来，锐气冲天，敌虫望风披靡。玉尾，应该是真正的青虫，单单的是它的两只尾须洁白得像玉一样。总而言之，头须粗力量一定大，须细小的肯定懦弱。尾须不要多说，本地的虫尾须直顺而且有细毛，山里出的虫尾须分叉并且多毛。一般人购买蟋蟀时拣全须全尾的，其实不过是受看而已，与格斗并无关系。不过头须再短，也要超过一个米粒的长度。因为蟋蟀的眼睛本来就在头须上，如果太短就难以战斗了。

（七）项

蟋蟀的项在昆虫学上属于胸部。胸部是蟋蟀的运动中心，是身体的第二体段，主要由三个体节组成，自前至后依次为前胸、中胸和后胸。前胸的背骨片是整块骨板，称前胸背板，就是我们习惯上所说的项。其形稍凸起，成拱形，覆盖在背面以及这一节边缘的大部分。背面的中部一般是黑褐色，有的还有月牙形的横斑的黑色纵条。项上布满了细短的柔毛。

项既是蟋蟀运动的中心，也是它发力的支点。谚云“牙大要靠项，项满要靠肋”，正说明项与牙有相辅相成的关系，牙要靠项才能起作用。没有坚实的项，牙再大也是没用的。对此，前人的认识是很清楚的，谱云“促织之前后进退，左右回旋，皆绕于项。使少有伤损，则不能用力矣。虽有如剑之牙，无能为哉”。又云：“蛩之一身，最关系者颈项。”“有欠头将军，无欠项将军。”

对项的要求，前人以“宽深老厚”四字概括之。宽是指项两侧的间距宽阔，从左右看去，似略有凸起如鼓形。项宽则头必大，头大必牙长。项宽蟋蟀的头才能转动灵活，左右兼顾。另外，因项处在全身的中间，只要项宽，后身也不会太小。深是指项的前缘到后缘的距离，实际上是指项的前后长度。行家谓长项发夹凶狠，也能禁得住大盘。老是指项皮苍老，色泽浓重。厚是指项的侧面高厚，这是蟋蟀秉受先天之气充足的表现，力大能耐久战。另外还有极重要的一点是，项上要有毛丁。几乎每部古谱都强调项要“起砂”，或曰有“毛丁”，或曰“垒起星”，或曰“毛疙瘩”，都是指项上的一层绒毛，或是晶粒状的砂粒。毛丁堆积愈厚，则虫愈苍老，斗性愈猛烈。要注意不要把嫩虫项上的一层浮毛当作毛丁。古谱云“项上无毛不是虫”，是说项上若光滑无毛丁，则不能斗。有些虫在野外生长了一段时间才捕来，刚开始项上无毛，但养了一段时间会重新起砂，这要与滑项区分开。

根据项的形色，项的名目有：青项、蓝项、红项、朱砂项、火盆底项、桃皮项、铁皮项、冬瓜项、白沙项、白绒项、紫绒项、黄毛项等。前人认为铁皮项、黑砂项、青毛项、烂斑青项属于上品项，配各种体色无所不宜。紫绒项、黄毛项、朱砂项、青砂项、白砂项、桃皮项也都属于上品。古谱还认为，项色与体色的配合也很重要。体色纯正的蟋蟀，蓝青项最好配青色，黄毛项、桃皮项最好配黄色，紫绒项最好配紫色，朱砂项最好配白色，黑青项最好配黑色。

古代蟋蟀谱说："有欠头将军，无欠项将军。"意思是说，只要蟋蟀的脖子长得好，身体也必然好。脖子不好全身生相必然差。各种体色的蟋蟀，都要与脖子配合得当。脖子的色相要以符合宽、深、老、厚四个字的原则为最好。肿项长得宽阔高厚，尤其少见。如果脖子短小狭窄，单薄拘束，或者上面生着白毛，或者是烂煤颜色，半截青半截白，以及有项眼项分星的毛病，都是下等虫。俗话又说："项上无毛不是虫。"这是说脖子光滑是不可取的。然而如果蟋蟀出土早但捕捉得晚，肉皮颜色已经苍老，它的脖子也往往光滑无毛。若养久了脖上重新生出细毛，或铺满细沙，这都是极可宝贵的。白沙项和白毛项十分相似，若辨别不清，反而会有所失误。早秋时蟋蟀刚刚出土，绝没有全身生沙的道理。柔嫩的蟋蟀，脖子上往往有白露白毛，黑色虫尤其如此。如果脖子的皮色苍老厚实，偶尔有能退去的，只是十分罕见。体色纯正的蟋蟀很少见，杂色的居多，那么脖子也只取铁皮项、黑砂项、青毛项、烂斑项罢了。烂斑项是说这种蟋蟀的脖子上有一块瘤子突起，就像人有疮疤一样，这种项必然厚实而且苍老。如果是铁皮项和桃皮项起这种烂斑，就更是上上等了。脖子像香灰色的没有什么用处。厂项前面宽后面窄。有厂项的蟋蟀，腰身必然不足。倒生项长得越宽阔越好。肉项只有白色蟋蟀是不忌讳的，其他的体色都与它不配。还有一种蛀项，脖子上面有一个小孔，看上去透亮，就像虫蛀的似的，也算是异品。总之，蟋蟀的脖子长得又宽又厚，必然有气力，狭窄单薄一定禁不住敌虫的咬斗。能明白这一点，就可以必胜无疑了。

（八）翅

蟋蟀的翅有两对，第一对为前翅，又称复翅，生于中胸板上。前翅质地坚韧如皮革，半透明，上有翅脉，前缘或褶折向下，覆盖胸和腹的两侧。第二对翅为后翅，着生在后胸上，有人称之为白衣，一般较长，可超出腹部尾端。这种后翅较长的蟋蟀古谱上称为“飞促织”或“飞蛛”。常见的蟋蟀后翅已经退化，在前翅覆盖下难以看到。

蟋蟀的双翅在翅形的大小、长短、尖圆、厚薄及翅色等方面有较大的差别，名目繁多。如从翅色上来讲，有销金翅、青金翅、油单翅、紫翅等；从翅形来讲，有长翅、阔翅、方翅、尖翅、圆翅、琵琶翅等，长翅可超过尾端，而短翅不及后背之一半；从鸣声来分，又有哑翅；另外还有一些异形翅，像时辰翅、蝴蝶翅、烂衣、秋阑翅、蓑衣翅、玻璃翅、鼓翅、破翅、半身甲等。

前人对翅形的要求是，双翅要紧贴后背，不能宽松。翅衣的边角要顺着体侧随缘而下，不能离背隆起。鸣叫时两翅兜紧，双尾下垂。翅要长得厚实，翅脉清晰，而且越细密越好。翅梢要尖如三角形。古谱认为尖翅多出将才，而圆翅则庸才为多。翅色要焦如枯叶，色泽光润，所谓翅色光润是说翅的色光不是浮在表面上，而是从翅衣内部隐射出来，显得柔和含蓄。翅的上端一般都有膏药状的圆形痕迹，称膏药迹，颜色略深于翅色，也有人叫作“墨迹”。这个膏药迹愈淡愈好，能似有若无则更好。

虽然古谱对翅也有上中下的分法，但它很难说是十分准确的。比如对翅的厚薄，不同时代的要求甚至相反，这个问题实际上前人已经注意到了。最早的时候认为翅薄为上品，翅薄的蟋蟀善斗，但后来却又正好反了过来，认为翅厚才能战斗持久。所以正确的办法应该是综合考虑，凡属轻淡之色，翅要薄，而浓重之色，则要翅厚。前人告诫我们对古谱上的说法只能参考，不能全信。所谓“尽信书不如无书”，此之谓乎？

翅膀最好是长得高耸厚实，连在脖子的下面，翅膀的根部不露出颜色，无论青色还是黄色都要明亮润泽，不宽不窄，翅上堆满皱纹，严严实实地遮盖住后腹，只能露出尾尖，叫起来声音洪亮，这就属于上品。如果双翅像纱布一样单薄透亮，左右连身子也遮盖不严，披散着收拢不到一块，翅膀旁边露出白色，短小得只到腰间，并且像房瓦一样翘起，叫起来也没有规律，这就是下等翅了。

上等：销金翅，紫头、青项、黄翅，三种颜色都具备；油单翅，翅为黄色，滑润如油，又叫油里达；青金翅，有青黄三色；紫荷盖，翅像荷叶的形状；琵琶翅，这种翅上面方下面圆，又叫作尖翅。

中等：齐膂翅，翅与肩膀相齐，到了深秋不斗；阔翅，翅比后背宽阔；梅花翅，翅上有白点，中秋时可斗；红纱翅，翅色赤红，单薄。

下等：有灰翅、蜻蜓翅、翘翅。

蟋蟀的翅膀有尖翅、方翅、圆翅、哑翅、长衣翅、左搭翅、时辰翅、蓑衣翅、板翅。蝴蝶翅在两只大翅的里面又有一对小翅。长衣就像苍蝇的翅膀，披散在腿的外边。使风船翅，两只翅就像船上的篷帆一样立在后背上。只有三尾翅短小，遇到这种虫不利。

尖翅里面常出健斗的将才，所以古谱上有“尖翅蜂”的称呼。翅圆的蟋蟀十个中没有一个，这是有明确证据的。翅要长得长而尖，色泽光明玉润，不要干枯有污迹；而且翅上的筋纹要细密，不要粗糙没有神采。翅上白筋明显的，必然长得松散，翅膀的边缘厚实的，身体一定强壮。脖子下长着一副尖削的肩膀，绝不会有长久的气力；翅的末梢有角，禁不住长时间的周旋。翅壳粗糙太厚的，必然硬脆；翅膀长得丰满，一定精神出众。翅黄要黄得像真金，翅黑要黑得如乌漆。青金翅的颜色要如淡竹叶，乌金翅则要蒙一层紫红霜。选翅要做到精细，只不过上述的这些。更有的翅上像洒满了血点，或者天生的花斑，这些都是异虫，不是寻常的平庸之辈。鸣叫时两翅要靠紧，两只尾须下垂。翅靠得紧就没有开衩的缺陷，尾须下垂就没有空背的毛病。双翅狭窄短小的肯定没有斗性，平直无纹的最终必然要失败。竖翅以能看到虫的后背为好，落翅以紧紧贴着肉为佳。像尖圆、长衣、方翅等翅形，最忌白肋、边骨、角翅等毛病。有了这些病的，气力单薄，声音松散，大多不能战斗。如果翅上的筋纹结成一个螺蛳的形状，在翅尖上，这样的蟋蟀就是无敌的。蟋蟀是以翅膀鸣叫的，斗性的强弱，在翅膀上是可以看出来。鸣叫声或者厚重，或者苍老，或者急促，或者高尖，早秋得到这样的虫，都是很可贵的。尖圆翅的鸣叫声，有沙哑之声，有缠绵之声，也有缠绵中夹杂着沙哑声，都是上等虫。沙哑声与纺织娘的叫声很相似，两只翅膀发出啾啾的叫声，或者苏苏的叫声，越叫越急促，这就是缠绵之声。若二者兼而有之，就成为缠绵夹杂沙哑声。若翅膀发出的是脆声、堂声、木鱼声、丧铙声，这类虫都是不中用的。

蟋蟀的翅膀都是右翅盖在左翅上，如果雄虫呼雌不贴，那么雄虫就会上火而长时间鸣叫，以致左翅搭在右翅上，这种情况也不少见。然而有这种病的蟋蟀，绝没有能取胜的，或者发生在格斗之后，或者发生在深秋时，实际上是衰老的表现。如果没有原因，是不可能有这种情况的。尖圆翅和长衣等若有这种毛病，就不能再斗了。只有天生的左搭翅，双翅紧紧地贴住后背没有一丝痕迹，叫声响亮。竖翅就像船上的挂篷，常出能斗的将才。翅上若有膏药迹，出土时如此说明虫太嫩，格斗后如此说明已经衰老，这些也不可不看清楚。

翅皮要有褶皱和纹路，不要光滑如油。有金翅壳、银翅壳、紫翅壳、青翅壳等种种区别。都要满翅皱纹，上面似有一层朦朦胧胧的灿烂之色，这样才是佳虫。

蟋蟀翅膀的厚薄，不同的时代有不同的讲究。古代认为双翅轻薄的虫才善斗，现在认为翅膀厚实才耐得住斗口。对此，要相互参照综合起来考虑。比如轻倩的翅色，那么双翅就必须明亮、单薄、干净，若长得蠢笨厚实，反而耐不住斗口。浓艳的翅色，双翅就该长得丰厚、肥壮，若是轻薄，又怎么能斗？这是无法改变的道理。如果固执地拘泥于一种说法，固然不合适；但若反其道而行之，这也是心里糊涂有眼无珠的表现。

有一种翅色红的叫红背，看上去就像红缨一样。绿翅的叫绿背，比如蜈蚣背就是浓浓的油绿色。没有翅的叫秃背，又叫光背，又叫烂衣。

蟋蟀的双翅下又有一对白色的翅膀贴在后背上，称作衬衣。有的是在身体两侧露出白边，称为白肋。飞蟋蟀只有白肋而没有衬衣。如果它的飞翅脱掉，后背上却仍然有小白翅，叫作六翼飞，是无敌将军。有红衬衣或红肋的蟋蟀，都可贵。若衬衣长到尾端，或者在后背上弯曲如环，这种虫大多善斗。这种辨析虽然很微妙，试验过以后确实灵验。

蟋蟀的肋有的一红一白，叫单双肋。又有大红肋。白肋长的名叫忠孝带。又有的蟋蟀的肋左红右白，叫鸳鸯肋。还有金肋、青金肋、紫肋。

（九）腿

蟋蟀的足共有三对，分别是前足、中足、后足，玩家习惯上称为前抱、中抱、大腿。前足生于前胸两侧，中足生于中胸两侧，后足生于后胸两侧。前足和中足为爬行足，只能爬行，不能跳跃。后足特别发达，为跳跃足。每一足均由五节组成。基节在靠近身体的最基部，是最粗壮的一节。第二节是转足，呈三角形，是最短的一节。第三节是腿节，又称股节，比其他各节长大，稍向上弓起，两边侧扁。胫节较细圆，长度与腿节基本相等，可折贴于腿节的下面。前足胫节基部外侧各有听器一个。跗节是足的第五节，也是最末一节，末端有一对弯曲的爪，俗称“爪花”，用以抓物。

腿在平时是蟋蟀全身的支点，又是行走跳跃的工具，战斗时既是发力最强的器官，还可作为武器使用。玩家也许遇到过这种情况：当两虫相斗，尚未真正展开厮杀时，其中一只并不交口，而是转过身去，把后背对着敌人。头脑简单的对手以为不敢相对，正要从后面来个突然袭击，只见此虫两条钢腿闪电一般弹向敌人，对方在莫名其妙中被弹了个晕头转向。至于二虫相拼的一招一式，全都离不开六足。

古谱对腿的要求是浑圆修长，健壮有力，所谓“大腿圆长健，小腿粗铁线”。大腿的根部要粗圆，呈圆柱形，若扁浅细瘦，则相斗无力。大腿要与腰身夹紧，立如剪股，才能有力支撑全身。若两腿向左右分开，或平铺地上，不能卓然而立，是为敞腿，战斗起来支撑乏力。大腿上的尖齿越尖越好。长在前面的二对足要排列均匀，伸缩自如，与两后足配合相宜，高高耸立，这就是佳品。

腿色甚多，前人以斑白色和黄色为真色，最为珍贵。像明亮光洁的蜜蜡色，六足纯黄的蜡脚，及腿色如铁锈的苍狸色，都是前人所珍重的上品。不论何种颜色，都要晶莹剔透，洁白可爱，腿纹要清晰，成条形，最忌讳腿有暗斑。但也有人说有三种腿色可以例外，即真青腿上可以有青斑，狗蝇黄上有跳蚤斑，真红上有朱砂斑。爪的颜色应是焦黄色，偶尔有红色的谓之赤爪，是上品无疑。爪下要有一对尖锋，抓地才能牢靠，若光滑无锋，则无用。所谓“三叉将军”，“八脚”之类，纯属无稽之谈，不可相信。

《促织经》上说：“小脚粗铁线，大腿圆长绽。”蟋蟀前面的四条腿要排列舒展，后面的两条大腿浑圆修长，立起来高高地耸起，像一对剪刀，并且如玉一样洁白无瑕，就像蚱蜢的双腿一样，这是最难得的佳品。把腿向上弯起来，上面有红点，下面有密密麻麻的尖刺。如果大腿长得细瘦短小，并且有满腿的花斑，站立时摇晃不定，时常踢腿，拖地而行，这样的虫就是无用之虫。最前面的两只前足，要与腰间的中足一样长，要长得浑圆粗壮，晶莹剔透，洁白无瑕，站立时不歪斜，吃食时不抱着食物，转身伶俐便捷，奔跑起来迅速，就像划水的船桨；交斗起来英勇善战，抓地稳健，犹如中流砥柱，难以动摇。假若小腿长得细瘦短小而不舒展，并有黑色的花纹，常常用前腿捋头须，爬盆壁，到交斗时候，谁优谁劣马上就可以看出来了。腿只能平铺在地上而不能高高立起的，叫作敞腿，也是不能用的。优良的腿色，应该像玉石一样晶莹剔透，洁白可爱；或者是带着蜂蜜的颜色，苍老斑斓，明亮光洁，都是上等的腿色。也有的六足是纯黄色，叫作蜡脚。蜡脚最好是配黄紫色的蟋蟀，配青色的蟋蟀最不合适，因为青色蟋蟀里没有蜡脚。腿色如铁锈一样的苍狸色，绝不是柔嫩的表现。如果青黑色过于浓重，叫作屁薰色，不是嫩就是潮。蟋蟀的爪花，大都是有两只钩。也有人说每条腿上都生着三只钩，这种称为三叉将。据说还有人曾在同治甲子年得到一只异虫，腿上都生着四条钩，六只腿就像一个铁耙一样。这只蟋蟀不走也不动，用它与其他虫合对，刚一交牙，敌虫就被咬死，实在是世上少有。又有一种叫线穿腿，爬行起来只用小脚，腿只在腹下拖着，就好像不能用力的样子。但只要遇上对手，两腿便直立起来，力量异常大，也可称无敌将军。不过只有一条腿或一只脚奇异的，就没有什么可贵的了。两腿下半截上的尖刺，长得越长越多越好。腿色以红可贵，忌讳白色。古谱上说红爪蟋蟀是蟋蟀之王，这是很有见地的。

另外腿还有白玉腿、甘草腿、蛤蟆腿、花斑腿、单寄腿、双寄腿、绿腿。

蟋蟀的爪只要没有伤损之处，长得像钩子一样且有尖锋就行。爪子的颜色如能兼有黄紫二色，抓地就坚固。如果蟋蟀的爪尖折断，行走起来就会伸缩不前，必为无用之物。

（十）肉

肉或肉身，实际上是指蟋蟀体表的颜色与体形，是整体而不是某一部分。在某些情况下，整体形体色是人的一种综合感觉。对肉体的总体要求是肉色纯正，细腻干结。肉色有白、黑、黄，还有所谓蜻蜓肉、蝼蛄肉等，以肉色洁白者为最好。肉体上附有一层细绒毛，根据毛色又有黑绒肉、紫绒肉的说法。肉色要有光泽，像闪着一层油光。所谓干结是说肉要长得苍老结实，不要粗糙臃肿，这样行动才迅捷。

古谱对肉与整个体色的配合有所论述，如说紫黑色蟋蟀要配苍黄肉色，淡黄和黑青蟋蟀要配白肉。各种体色配白肉都是相宜的，即所谓“无论虫五色，肉白必然良”。

早秋看蟋蟀的色相，肉身是要最先辨别清楚的。蟋蟀的肉若是长得苍老并浑身细毛，洁白而细腻，这才是真正宝贵之虫。若是长得粗糙臃肿，绝不是成将之才。肉身的颜色也分为五等：像干白肉、黄毛肉，大家都是知道的；又有紫绒肉、细青肉、黑绒肉。紫色肉身的蟋蟀，上面长有细绒毛而且有光泽，好像带着油色；青色肉和黑色肉大多长得粗糙松散，只有紫色肉极细腻，腹部的肉鳞几乎难以辨别，虽然喂食很多但肚腹却不大。这在青色和黑色的虫里，是根本没有的情况。青黄色的蟋蟀，肉身一定要细而白，其他颜色的虫尚不需如此。蟋蟀腰腹的形式，也要修长尖削，腰背要浑圆饱满，尾尖要细瘦；或者身形像爆竹，腰腹圆长，全身宽阔方正，但尾部也要尖削。尖圆的长衣，最为难得。假若腰身短小，肉又松散粗糙，喂下食后尾部马上拖下来，这种俗名叫作曲鳝屁股，不能战斗。异常的肚腹，两边的肉鳞上都有五色花点，这叫作五花肚。腹下或红得像是涂了朱砂，或白得像是涂了白粉，都是异品。脖子的下面腰的上面是蟋蟀身体的中段，它的六条腿就是长在这上面的，名叫蟹脐，若长得宽阔丰满，那么蟋蟀肯定强健有力。如果这一部分狭窄空虚，蟋蟀的全身气力单薄，腿脚也一定细小，肯定是下等虫无疑。

肉有蝼蛄肉、蜻蜓肉、蚕蛾肉、黄肉、白肉、黑肉、青莲子肉、绿肉、白果肉、铁胡蜂肉。

（十一）背

背实际是蟋蟀腹部的背面，为双翅所覆盖。

对背的要求是宽大厚实而又微微弓起，谱云“龟背虾腰”就是指此。后背宽阔高厚自然力大势雄，若扁窄单薄，则不能斗。最忌两头翘起，中间凹下，此是必败之虫。

蟋蟀的后背若雄壮厚实，高高地耸起，微微地驼背，就像天色一样纯净，与双翅皆无瑕疵，这是上等的蟋蟀。熊背子是最上等的，其次是金背子。紫背子虽然常常虫身长得很大，但身体的两头翘起来，腰背凹陷，就不可入选。总的来说要选腰背高耸的才是佳虫。如果虫背狭窄得就像鲳鱼背一样，扁薄得如螳螂相似，红铃成串，上下都是疮，这就是下等虫。若是后背长得丰厚雄壮，斗起来就有力量有威势，这是不需要辨别就可以知道的。至于看上去像虬龙一样突起，丰满有神龟的长相，像这样的背，它的宝贵之处无法形容，何止仅仅是将军之才呢！

蟋蟀若是虾腰龟背，体色和体形全都具备，自然是立于不败之地。若是腰身瘦削，后背空虚松散，最好是扔掉不养。因为腰和背是相连在一起的，蟋蟀若是一副高大厚实的长相，腰长背驼，一定是经过千锤百炼的体质。只要身体长得方正宽大，腰背丰满雄健，一定能成为将军。

（十二）腹

腹部是蟋蟀的第三体段，也是最后一个体段。它是蟋蟀代谢和繁殖的中心。腹部由十一节组成，包括最后一节尾须。每节的背面称背板，腹面称腹板；两侧还有狭窄膜状的侧板。节与节之间由横节间膜相连。前八节的侧板上，共有八对气门。蟋蟀的呼吸，就是靠腹部的伸缩，通过气门来完成的。

前人对腹部要求是颜色纯正，以黄白为上，青黑色或有点点花斑为下。腹面的皮肉要紧凑，高高悬起，不能松弛，更不能拖肚。古谱对拖肚的论述甚多，一般都是持否定态度的。肚腹太大而拖地，犹如人之“将军肚”，行走尚觉困难，何谈战斗？

蟋蟀的肚腹最好是浑圆紧凑，肚皮要高高悬起而不下垂。白色黄色都可，要洁净明亮，这才是上等。如果肚皮松软，行走起来拖在地上，肚皮颜色带着青黑色，有的扁有的长有的露出腹节，并且有点点的花斑，这就是下品虫。

蟋蟀如果生成螳螂肚，一定是了不得的好虫。肚皮白色，且长得浑圆健壮向上翘起，两只尾须短而直，这是上等虫。若是平直下垂的大肚子，就是笨虫，万万要不得。早秋的养法，肚子喂成半花多长，直到秋冬之交封盆时，至多喂到一花半的肚子，这样到老时才雄健善斗，这才是养虫的秘诀。

凡是青、紫、黄、白、黑等各种颜色的蟋蟀，都有拖肚。即使是将军之才，只要有了拖肚，也必然成为无用之虫。要看它的长相合格，颜色纯正，无论色泽浓厚还是浅淡，都要适宜。蟋蟀的拖肚，就像人长得有肥瘦的不同。如果头宽大而成品相，又没有拖肚，一定能成将军。

（十三）尾

尾即一对尾须，处于蟋蟀身体的最后端，与头须前后相对，也是很灵敏的感觉器官。古人认为尾须不但在战斗中能感觉敌人从背后的突然袭击，而且能协调双牙的进攻。前人最讲究尾须的尖、长、细、糯，并认为缺一不可；忌讳粗、黑、硬、松。尖指尾须根部要粗圆，梢部要尖如绣花针；长指尾须越长越好，短小或残缺影响其反应能力；细指尾尖要细，另指尾须上的绒也要细；糯指尾须肉质细腻，颜色润泽。

尾须根据形色的不同有玉尾、羊角尾、插尾、单枪等名目。有的谱认为尾要直挺，微微上翘；但也有的谱认为双尾不可敞，尤不宜翘，应似夹非夹，似垂非垂才好。尾上忌有长毛，有长毛则体硬。尾色能与体色相反，前人认为是成将之才。如重色蟋蟀有一对白尾须，或浅色蟋蟀配着黑尾须，都是上品。谱中所云四尾、六尾、八尾甚至独尾，全属无稽妄谈，皆不可信，玩家不要上当，徒费心事。

古谱上说："双尾如针向上斜，炸开密密簇毛芽。应前护后多灵巧，却胜棱棱两象牙。"尾须要求的尖、长、细、软四个字，缺一条也不行。两只尾须都要长得浑圆，尾根粗尖头细，就像绣花针一样，上面有细细的绒毛，颜色灰白。尾须的尖梢要向上翘起，好像燕子的尾巴一样。不要短小瘦细或者卷曲，这与受伤折断没有什么区别；还有两只尾须一上一下也是毛病。蟋蟀在格斗时用力是在牙上，尾须作配合，这样就没有上重下轻的担心，并且可以防止敌人突然从后进攻。不要说尾须与战斗没有关系，而让它随意受伤折断。尾须的颜色不是一种，养的时间长了，常常能够变化。尾须忌讳的是粗大、色黑、坚硬、松散。如若尾须既有粗大色黑的毛病，同时又尖长柔软，希望它时间长了可以有所变化。尾须颜色与体色相反最好。比如黑色蟋蟀有一副又尖又长的白色尾须，体色浅淡的蟋蟀生着细软的黑色尾须，这些都能成为健斗之将。尾须不宜向两边敞开，尤其不要向上翘起。尾须敞开的腰胁必然狭窄，尾须上翘的后背一定空虚。若两只尾须看起来像下垂似的其实并不下垂，像夹起来似的其实也并没夹起来，色相纯熟细软，这才是合格的尾须。尾须上最忌长着红毛，有红毛尾须一定发硬，尾须硬那么蟋蟀的身体也一定硬。能辨别这一点，就可以依次类推。同治戊辰年，有人得到一只黑色蟋蟀，长得高大厚实，相貌极其魁梧奇异，但它的两只尾须却是又粗又长，肥壮而乌黑。到了霜降节，忽然蜕下了一层皮，尾须变成又尖又长颜色花白。这只蟋蟀后来斗了数十场，竟没有敌手，这个例子似乎可以作为证据。四尾、红尾的蟋蟀虽然奇异，但都不可贵。古谱上对玉尾甚为称赞，两只尾须要又尖又长，像玉一样明润而有光泽，这样才是上上等蟋蟀。

尾须向来是以丰满、轻细为好，太长就为人所忌。其实这种看法是不对的。比如马的尾巴，太粗太重走起路来就慢，过于轻短又没有长力。蟋蟀的尾须也是如此。尾须又粗又黑固然不可取，但细而短，身上无力也不耐斗。应该轻细并且尖长，才是合格的尾须。偶尔有的尾须与身子相等，更是出类拔萃的长相。还有的尾须只有一二分长，甚至有不到一分的，俗叫作肉尾，人们挺喜欢它，其实这是大大的错误。

蟋蟀的肛门要选择尖锐细小而明亮的，拉出的粪便要细小坚硬。凡是肛门大的，拉出的粪便一定粗大，这就是无用之虫。因为蟋蟀身体细小坚结，它的肛门才小；肛门粗的话，它的身体一定松散，这个道理非常明白。肛门上不可有毛，有毛就不易与雌虫交配，而且也容易粘连粪便，这种虫称作毛脐。尖翅、圆翅和长衣往往有这种情况。毛脐也有能斗的，只是不能耐久。不与雌虫交配的蟋蟀中，也有可贵之虫。如果蟋蟀的肛门像涂了红颜色一样，就更是无敌之虫了。

五　青黄紫白黑并异，金翅麻头品格奇
——蟋蟀的品种

对蟋蟀的品种，古代玩家下了很多功夫加以研究。现存的古代蟋蟀谱，大部分篇幅是介绍蟋蟀的品种。当然，这里所说的“品种”是玩家的概念，不同于现代昆虫学对昆虫分类的含义。昆虫学家研究昆虫的种类，目的是确定各种昆虫所属的地位及相互间的亲缘关系，以阐明昆虫的自然系统；但它与蟋蟀的斗性关系不大。玩家们对蟋蟀的分类可能不够“科学”，但它的基本出发点是蟋蟀的斗性，无论蟋蟀的形还是色，都是围绕着这一点进行的，因此对斗蟋蟀游戏来说，更具有“实用”价值。

蟋蟀的体色是有差别的，前人分为青、黄、紫、白、黑

五大类，其中每一类体色中又可分出更多的种类，有的竟多至数十种。之所以有这么多名目，有多种原因。首先蟋蟀的体色本来就因为天时地利而千差万别，尤其是身体各部位的色彩组合，简直能形成无数个结果。假如我们细致地而不是粗糙地观察一下，也许会发现，就像有人说世界上没有两片相同的树叶一样，同样地也没有两只完全相同的蟋蟀。另外一个原因是与玩家的眼光和站的不同角度有关。古代蟋蟀谱经过历代玩家的增补，有各个不同的版本，其中包含着无数人的玩斗经验。即使对同一种体色，有人看了说是淡青，另一人看了也许说是灰青，很难做到完全统一。再加上有的古谱对蟋蟀体色的描绘似是而非，让后人理解起来容易产生歧义，久而久之，认识上有所偏差是不可避免的。也可以这么说，古谱对蟋蟀的品种的分类，有很强的主观色彩，所以今人在理解时，不可过于拘泥，重要的是要在实践中积累出自己的真正经验。

（一）青虫

就体色来看，蟋蟀最多的是青色虫。青本指黑色，但对蟋蟀来说又不是真正的黑，而是褐中带蓝，略显灰色。古谱上描写青色蟋蟀常说是青金色，青金其实就是铅，铅色就近似于蓝色。实际上青色是多种颜色的混合，并不是单一的，所以单就这一个青色又分出真青、淡青、灰青、白青等十数种，可见它是不固定的。青色虫所以有如此多的名目，一是与色彩的浓淡有关，再就是与蟋蟀身体各部分的色泽配合有关。所谓重青、淡青主要就是指体色的浓淡；而紫青就是指紫头、青项、乌金翅，红牙青则是青身红牙，这就属于色彩配合问题。后一点行家认为更值得注意。比如蟋蟀的头是青黑色，要配白色斗丝和青白翅，或者配红牙、红花牙、白牙等，均成将才。墨青的体色要配血牙方贵。对于体色的搭配，下面各首歌诀中有较多论述，可作玩家的参考。

青色虫虽然又可分为红牙和白牙，毕竟要以白腿白肉、金黄双翅、白色斗线的才是真青，绝没有花斑腿、黄肉、黄斗线的青虫。真青蟋蟀头色要像青金一样，白色的麻路细直透顶，双翅像金箔一样明亮，白肉、白牙、白腿的为最上等，叫作白钳青。也有的头长得像蜻蜓头。如果是水红花牙，腿肉也不白，项上光滑无毛，双翅不是金色，那么就只能算是花色。要知道，世上没有花斑腿、黄肉、黄斗线的青虫。有的青虫鸣叫发出“叮叮”的声音，应该细细地考察。还有一种红头青，但斗不到结冬的时候。

青虫以青色纯净明亮的为最上等，稍稍带些杂色，就不是真青。如果是青色头白斗线，白肉白牙，这叫作玉牙青。也有的黑色虫为乌木青，就不能再算作青虫。又有的头、脖子及双翅本来是白色，只是上面罩着一层青色，这叫作真白青。若是红牙、红花牙或者白牙，都很好。还有，体色纯青而没有白色，在阳光下一照，青色中显出血红色来，这叫作血青，要配上大红牙才好。斗线本来赤红渐渐变成白色，便是失败的先兆。有的不需要在阳光下照，就能看出红色来，这是紫青。青色纯正而浓重，近于黑色，这是黑青，也是有血红牙的为好，偶尔也有配白牙的好虫。乌鸦青近于墨青，色泽浓重而有红光。燕子青体色轻淡柔嫩，且有一层红色浮在上面。紫砂青、红砂青、白砂青，都是根据自己的颜色定名，都是健斗的将才。有的青虫体色像蓝靛，头项都是花色，腿上都有斑点，就像五花金钱豹，这是花青，很少见。花青的双牙像炒熟的蚕豆色，肉色和头项都像豆沙馅，早秋时善斗，俗称白牙青，但没有一个能斗到深秋。又有的在日光中照射，可以看到像栀子黄色，隐隐约约地存于青色之下，这种虫不可取。还有的青色中夹杂着黄色，名叫龟背青，也非成将之才。

真　青

真青头似菩提子，项亦青金一色装。麻路银丝细透额，青金翅亮有威光。血牙厚背名雄将，次取白钳应黑镶。超品芝麻牙是雪，毛丁顶上靛堆良。圆浑头足常兼白，临阵交锋如虎狼。亦有蜻蜓头样者，相看仔细加推详。全身白肉须轻腻，乃是牵牛变化强。似水红头青一种，虽具魁形少终场。

正　青

银丝透顶翅青金，青项蓝毛铺满丁。肉似鹅翎牙似玉，六足如霜洒靛青。真青颜色泛无二，出俗超凡独冠群。纵使平肩头足短，虽非王子亦将军。

紫　青

琥珀头尖项紫青，翅如苏叶肉还青。天生一对红牙紫，任君百战百场赢。紫头青项背如龟，青不青兮紫不绯。仔细看来茄子色，更兼腿大最为奇。

黑　青

黑青翅黑黑如漆，仔细看来无别色。更兼牙肉白如银，名号将军为第一。乌青看来似锭墨，腿脚斑狸肉带黑。钳若细长似血红，合战交锋不费力。

淡　青

淡青生来牙要红，头麻项阔翅玲珑。更须肉腿如银白，胜尽秋虫独奏功。淡青翅色如金黄，到手还须细端详。项配紫绒足斑赤，何妨一日斗三场。

黄光淡青

金光白蜡满身罩，青色淡虫黄光美。斗敌到底全力赴，红牙配就立盆底。

虾　青

青头青项翅如金，肉腿生来白似银。牙若细长苏木色，此虫入手不当轻。

河虾青

生虾非谓像其形，肉似青虾得其名。配得银牙干且亮，登坛应拜上将军。

熟虾青

水红尾兮水红衣，壮肚阔腰模样奇。浑身不见有斑点，傍人误认熟虾儿。

蟹　青

俗号虫名湖蟹青，腿脚斑黄翅似金。未看青头并紫脑，须教项上有毛丁。

鸦　青

首尾分明黑漆光，白银腿脚皂衣裳。肚皮六足犹如玉，相闻英雄胜虎狼。鸦青品格不寻常，武相文行勇内藏。配得银牙成栋梁，红牙逆合占全强。

白　青

白青色艳宛如花，红白牙钳并可夸。只要腿长青项阔，深秋健斗永无差。

老白青

黄麻头样白青形，老白青名传苏杭。不见头麻唯迥别，色非纯白泛微黄。项须腿翅皆敦厚，遍体黄浮浓少光。生就血齿足震敌，钳白体阔更强良。

草色青

草色虫来人少识，直到深秋不变色。若生一对紫花钳，斗胜场上众促织。

黄头白青

青中黄头易分清，银白斗丝中央显。干老红牙配得全，久战沙场是上品。

白牙青

青头毛项翅如银，六足生来总出群。粉壁牙钳肉似玉，是蛩名号大将军。

重青白牙

粉底皂靴名位高，雪足无斑色分明。龙行虎步神威势，配得白牙成王行。

葡萄青

头像葡萄项闪青，身材阔厚腹如晶。皱纹薄翅琉璃尾，上册交锋阵阵赢。

井泥青

青色深沉似井泥，圆头毛项不轻欺。长牙腹腿如银白，直到深秋战胜奇。

油　青

油青本是将军种，腿足长圆红紫牙。若得三秋油色润，相争直到雪花飞。此外这般生相者，油中也见几青麻。

青麻头

头麻青项毛丁长，翅绉肉白始为良。仍生一副牙红紫，三秋得胜喜非常。

麻头青项有毛丁，翅绉肉白腿脚长。更生一副牙齿黑，三秋得胜喜非常。

柏叶青麻

玉色头皮如隐漆，麻路开花如柏叶。青金淡翅变银装，金背青麻非易得。

黑青麻头

黑青麻头像珍珠，虫黑牙白难得见。力猛口重长力足，霜降以后显威风。

青沙麻

异虫有等唤青沙，麻路通天一口牙。若还收过当调养，场上交锋自显他。

此虫遍身青沙麻，腿脚干净，斗无不胜也。

青金翅

麻头青项翅如金，肉腿如同银打成。牙若更加如血色，胜尽诸人匣内金。

青大头

额如狮子势赫赫，斗线银丝透顶直。青毛阔项带沙奇，青雾笼松净如拭。腿足圆长斑白匀，翅皱金青拔山力。肤细如玉腻如脂，格奇肉似青莲色。纯白墨花牙二样，红花牙与钳同墨。白花镶钳大厚长，列为上将皆雄特。青大头名久播扬，三秋四野无消息。传闻所变是桑虫，曾向桑田觅之得。

青尖头

长头身要厚，腿脚长而昂。乌爪与白钳，血牙力更强。

阔项照青雾，黑镶白钳长。红花钳亦妙，肉白性更刚。此是蜘蛛变，玲珑奔走良。

砂　青

大头阔项银丝额，项翅青砂罩雾同。长腿脚圆高厚背，红牙赤爪气豪雄。交锋只要连三口，所变砂青杨甲虫。

琥珀头青

额如琥珀势强雄，斗线麻头明顶中。项翅皆青毛与皱，遍身光带紫微红。圆长腿脚青兼白，爪赤须茜尾似龙。大白长牙红二妙，青中出色有斯虫。

深青色

颜色深沉似污泥，紫头青项尽相宜。齿长腹肚兼华白，斗到秋深花带归。

白头青背

白头青虫白似霜，斗丝麻路细银长。牙钳红白均堪取，青翅金光与白光。淡竹叶含青翅色，白头青背最刚强。白花项颈非真品，项要真青无杂装。腿脚浑长肉似雪，爪尖须尾血花藏。临阵相交来将走，几番咬死在当场。防他回马锋芒猛，不负人呼王彦章。

（二）黄虫

黄色蟋蟀比较少见，但历来古谱对黄虫的记载又很多。所以有人说可能古代黄虫较多，而现在则不多见了。其实，自然界的蟋蟀生活在相同的环境里，不会青虫愈来愈多，而黄虫愈来愈少。即使依据生物的进化规律来看，似乎世间也不存在制约黄虫繁殖的特殊因素。那么真正的原因在哪里呢？为什么我们感觉黄虫太少呢？有人认为与对虫色鉴定的标准古今有别有关。比如有人说，鉴定是否黄色虫要以斗丝为凭，要按照古谱上“黄虫要黄线乌牙，遍体如金”的标准，完全符合者方为真正黄虫。但即使按照这种说法去鉴定，我们仍然感到黄虫确实不多见。应该说，即使在古代黄虫亦不是太多，正因为它比较少见，又有不同寻常的斗性，所以受到古今玩家的偏爱，虫谱上对它格外垂青。而事实上，黄虫不论在古代还是现代，都为数不多，远远少于青虫，也少于紫虫。

按照古谱的说法，黄虫的标准甚为严格，应是全身金黄，若只是身体的某一部分为黄色，则不属真黄，比如只有头是黄色，而背是青色，就是老白青，而不是黄虫。黄虫中以紫黄和黑黄两种最为善斗，前人认为紫黄得五行之气，谓之足色，十分罕见，可无敌于天下。黄虫配乌牙最妙，红白牙亦佳。黄虫被大部分玩家视为热虫，早秋即斗。其实黄虫中也有冷虫，不可一概而论。如数年不一见的黑黄，就属冷虫，在等到白露后方可登场，愈至深秋，斗性愈猛，早则伤虫。

真黄蟋蟀全身都是黄色，名叫乌牙黄。乌牙黄的脖项不是桃皮红色，就是朱砂火红之色，项上要有红色的毛丁。项上堆积着丛丛黄色毛砂，尾须细长犹如铁丝般坚硬，鸣叫声沙哑，双翅金黄有如金片，小巧玲珑，一双黑牙又弯又尖，更显美妙。若是红黄色蟋蟀则腿肉是白色的，而紫黄的不同在于头像樱珠一样。至于说它的脖项也是金黄的说法，虽有过这样的说法，却没见过这样的蟋蟀，大约仍是桃皮色或朱砂色较为接近。

黄色虫最难辨别，打开盆盖便有一道金光直射出来，才可称为真黄。如今所说的黄头青背，大多数只不过是老白青罢了。有的淡黄虫发白色，叫作沙黄。古代杭州巴子门外出的才是真沙黄，其他的不是沙地所出及外地出产的，都比不上杭州的沙黄。最难得的是紫黄虫，或者紫色重黄色轻，或者黄色重紫色轻，若不是长期养蟋蟀的人，难以辨别出来。黑黄蟋蟀几年才能见到一只，这属于冷虫，愈到天冷时愈能斗，斗性比平时强数倍，不过长的都像是热色虫。其实不是热色。可以概称之为烂黄，好似烂泥的样子，大概是根据它的体色油滑润泽才有此名；如果它的体色变得干枯，便不行了，所以说油黄最勇的时候，正是它的体色油滑润泽的时候。

黄　色

黄头青项三金色，两脚银丝腿夸长。再要一副乌牙齿，若至深秋好收藏。

真　黄

天生金色遍身黄，肉腿如同金箔装。黄头配有乌牙齿，败尽诸虫不抵挡。

红　黄

头似珊瑚项斑红，翅如金箔肉相同。腿脚浑长如玉色，英雄端不让诸虫。

紫　黄

变幻将军色不同，金黄五体造神工。银丝麻路黄金额，阔项青毛砂里松。腿足壮长身背厚，爪须猩赤立奇功。雪花飘候精神健，翅皱双金钳血红。记取紫黄寒愈狠，生前色相是蜈蚣。

深　黄

黄者生来金箔装，腿脚斑黄腰浑长。若生一副乌牙齿，三秋饶大莫商量。

淡　黄

淡黄生来腿肉白，项紫牙红头琥珀。初秋斗间最痴迷，末后逢强绝口敌。

拖肚黄

头顶焦黄身黑粗，更兼腿大及臀拖。若还牙齿尖而厚，日斗数番也不多。

狗蝇黄

麻头黄项翅铺金，腿脚斑黄肉蜜色。牙钳若是黑如灰，敌尽场中为第一。

白　黄

肉白麻头金线额，白毛项上翅铺金。六足灯芯牙红色，早秋赢到雪花浸。

菊花黄

遍身黄色耀如金，枣红长牙形似针。闪青色背菊花项，六足无瑕极称心。

黄花头

金丝贯顶实堪夸，蓝项朱砂两均佳。试问分辨在何处，头戴一朵黄菊花。

蜜蜡头

蜜蜡头虫世少知，几根斗线细银丝。额光明似鹅油珀，净洁澄清秋水姿。项翅天生成二色，或青或白化因时。总然项色青为上，花箬白花项或痴。牙取红色兼大白，紫花牙胜兑同离。漫说蛋黄头色下，秋分三日定顽奇。

黑　黄

黑黄出土似黑子，细看头丝方识此。初秋性烈宜暗藏，不识之人莫乱指。

金线黄

蓝项红头翅金赤，肉色微黄足白色。沙场冲突显英雄，金线横闩正当额。

油　黄

黄虫出土人不知，腰身腿足混如油。千头百场又何妨，走色鸣金朝中游。腿壮头圆遍体黄，如油滑翅肉显苍。牙钳一对鲜红色，虫中无敌西楚王。

天　黄

天成足金遍身黄，金翅玲珑薄皱良。牙黑弯尖音声哑，赤金肉腿始相当。头圆项阔离山虎，威震三秋莫比强。

青　黄

相貌生来品格奇，青黄二色翅分明。初秋斗到深秋际，百度交锋百度赢。

跑马黄

虫王出王头微黑，一身素白奔走疾。秋分前后真相示，方知原属正黄旗。开花麻路黄金丝，金色盔甲火盆底。蜜蜡腿色血斑腕，身罩金光虫中奇。得胜无须称回合，喷口消敌回天力。

黄三色

黄头金背青蓝项，开花麻路黄金丝。阔脸突腮铁门槛，蜜蜡腿足粗蟹刺。披袍轩甲将军样，鸣声哄亮沙声似。性如烈火镇群雄，来敌非残即伤死。

乌背黄

乌翅金头六足白，鸣声如雷气势高。乌背黄虫血红牙，斗尽场中显英雄。

黄大头

额似蝾螈着意求，紫色双翅明如油。银丝细直顶中浮，麻头分明绕四周。朱砂阔项腰背厚，浑身罩满青砂球。腿足浑长身红牙，莹莹白玉翻蛟龙。墨花紫纹真黑钳，四般牙色壮如牛。此乃蜻蜓所变化，将军名尊黄大头。

红头紫黄

朱缨头貌项如金，肉腿形同金裹成。不论牙钳颜色美，任从相对莫能争。

蜜蜡头二色翅

蜜蜡头虫世少知，几根银线几根丝。颜色光明鹅油泊，洁净清水澄清姿。翅相天生呈二色，或青或白化因时。纵然项色青为上，花箬白纹项或痴。牙取红花兼大白，紫花牙胜兑同离。漫说蛋黄头色下，秋分三日定顽奇。

淡紫黄

色极青倩淡紫黄，莫猜紫白细推详。浑身只有微黄罩，毫发难容青白光。超品红牙兼紫项，淡黄腿骱血斑良，爪尖更妙黄同紫，赤尾如是一色装。笑煞姑苏名唤异，也将瘟字送虫王。

（三）紫虫

紫色虫的标准也较严格，虫的头部及全身都应是紫色，不可夹杂着青色或黄色。若稍带青色，就应该视作紫青，归入青虫类；稍带黄色即为紫黄，要归入黄虫类。不过对紫虫的鉴定也是见仁见智，很难统一。比如有人说在蟋蟀中，紫色虫占的数量最大，约60%，但大部分人则认为青虫最多。前人认为青黄虫最佳，而紫虫则次之。紫虫开斗较早，而且也有中晚秋之虫。紫虫宜体色愈浓愈好，配紫牙、红牙或黑牙均妙。紫色中有一种体色十分轻淡秀丽，没有其他颜色混杂，这是真正的浅紫；误把它称为紫，不太恰当。又有的体色像熟藕的颜色，这是紫色中的下品。

真　紫

真紫如同着紫袍，头浓性烈项绒毛。钳更细长如血色，独占场中第一豪。

红头紫

红头紫线肉毛黄，项赤红丁腿浑斑。翅紫牙红如剪样，只除青将便为王。

紫尖头

头如蛱蝶月如霜，阔项青砂厚背强。腿脚圆长金色翅，血筋绊满品方良。白花黑牙黑花钳，白钳血牙皆上将。相传蝴蝶变换成，紫尖头号虫之王。

浓紫色

紫色还须要色浓，更兼两翅与身同。头圆腰阔阴阳齿，赢尽场中百万虫。

深　紫

紫者当头要紫浓，腿脚兼黄赤肚皮。钳若生来紫黑色，早秋赢到雪花飞。

淡　紫

名为淡紫遍身明，项如青靛齿紫红。头上三尖腰背阔，百战场中作上锋。

栗壳紫

方头麻路大红牙，翅如栗子壳无差。六足尖长黄蜡样，战胜簪花回转家。

紫　麻

头麻顶路透金丝，项毛翅绉腿斑狸。四脚兼黄肉带赤，秋虫见影不相持。

麻头紫

紫头麻路认端详，紫红麻头势更强。身壮翅皱分高下，六合江宁此最良。

铜头铁背

头如紫铜颜色正，或似深紫黄之情。不杂一点黑与青，再视背上如乌金。老红花牙并红牙，方是铜头铁背形。

紫金翅

紫头青项翅如金，腿脚毛黄肉似蜜。必须生有红黑钳，咬杀秋虫人失色。

金背紫

铜头铁背紫遮身，背脊平铺两翅金。配得银牙方合格，筑坛应拜上将军。

银背紫

头似樱桃翅似银，六足如霜超群英。绛牙紫肉方成局，名震三秋勇绝伦。

白玉淡紫

全身淡色白如玉，犹如战将穿白袍。干老红牙色相称，霜降斗到立盆底。

花项淡紫

项上起花淡紫色，三秋难配花项紫。细种岂知合钳重，咬死敌虫方罢休。

芦花淡紫

芦花淡紫细丝无，乌金头皮蓝青脖。六足白洁玄缎翅，腿长头高方兼阔。白露时来似蛇蜕，体黑尽去翅色薄。细红双丝微隐显，槟榔原因青茸落。诸般群蛩多无用，此能深汤镇敌国。须知天生善变色，底实老足肉细活。

绽灰紫

绽灰紫色干枯形，不行不动似呆虫。若逢敌虫鸣叫声，交口合钳即刻胜。

朱砂紫

赤须焦眼遍身红，翅项如朱双尾赤。若逢劲敌君休怕，几口会合便成功。

青　紫

此虫出土如琥珀，一身披挂褐紫袍。配得红紫牙一对，来虫虽大也不饶。

红沙白玉紫

四字长头大黑脸，头似浓熟紫葡萄。斗丝隐红贯顶额，方长阔项红钳造。紫红沙蒙淡金翅，鸣声尖急丰满腰。微红细肉足白净，快钳尽退虫中豪。

（四）红虫

红色虫相对来说比紫虫体色更鲜艳一些，其特点是头部及身体都要以红为基本色调，亦忌色杂。古谱云真红要头色如石榴花或猩红色，两眼黑如椒核。若红色较浅，似粉红颜色，便属熟虾青，而非真红。最忌红中带棕色。前人认为红色为热色，所以红虫只能在早中秋打斗，若至晚秋则难以取胜。红虫以配墨牙为贵，银牙亦可，余者无用。真红要金翅白肉，头似珊瑚，项似朱砂，腿脚浑长。

纯　红

眼如椒核遍身红，翅项如朱腿亦同。若逢敌手君休怕，数番咬死又成功。

赤　色

红头红角项朱砂，掌上观来似异花。一连五度交锋胜，到底终须不怎么。

红

遍体通红似火炭，还须银腿衬银牙。奇虫勇猛真无敌，斗到三秋看菊花。

水红色

水红须尾水红衣，白肚团员模样奇。斑点一些浑不染，傍人号作杜公儿。

红头青

红头青色最难逢，青翅青砂项亦同。若得爪钳兼尾赤，将军似虎不凡虫。

黄头红

赤爪红钳蜜蜡头，似银腿足点朱留。金砂阔项朱砂翅，绛腹花斑见者休。

红头白翅

赤项红头翅似霜，晶晶厚翅黑牙长。爪尖腿骱鲜如血，世上无双勇猛刚。

红砂麻

头红翅薄项朱砂，盆中看取似娇花。若是下场管取胜，君若收藏甚可夸。

红麻头

红麻秉性敌刚强，赤项红斑脚浑长。翅紫牙红肉赤色，诸虫交口便难当。

红　头

红如血点项朱砂，入手观来一朵花。一朝二广交锋胜，到底终须不恋家。

蟹壳红

项头红线背身驼，更兼大脚及腿拖。脚腕有红如血点，一日数斗不为多。

暗头红

红头不喜太鲜明，麻路深藏莫乱评。项翅黑青腿脚白，形躯高厚战常赢。

河蟹色

红色却如河蟹色，麻头秀项极难得。枣红牙齿尽相宜，只恐项光头又黑。

射弓红

射弓出土似红椒，须虽赤色眼不焦。霜降来时红渐退，色退只怕寒来熬。

枣　红

身似赤枣翅衣红，腿足圆长伫盆中。金砂阔项朱砂翅，绛腹花斑见者休。

玛瑙红

黄金翅翼青脖项，头如玛瑙血红样。六足长大牙似墨，任君赢尽秋兴场。

（五）白虫

白色虫与黑色虫在古谱中列为中下品者为多。但白虫若白得纯正，与蝴蝶身上的白粉相似，且白中似有血色泛出，亦属上品。白虫要全身皆白，白头白项白斗丝，翅与肉体亦洁白如霜，色泽明亮。白虫配乌牙、红牙最妙，绛香牙、黄牙亦佳。

白以有血色为上。血色之虫，白虫之精华，称为宝色。白而无神，似饿白虱者不取。必有砂雾笼罩，望之却干如蝴蝶粉，按之粉花欲落，清洁有情者佳。所谓“黄贵乎湿，白贵乎干”，即是此意。肉以洁白紧细为贵，青黄杂色很少有能成将的。

纯　白

白头白项白丝攒，翅似银铺肉似霜。黑脸红牙肚若粉，此物方为促织王。

真白色

白头白项翅如银，入手观来一似冰。枣红牙齿如针利，纵无骨肉似将军。

淡　白

白头白项翅铺银，入手观来却似水。一对银牙如雪白，总无颜色是将军。

朱头白

头似朱砂一粒雄，血丝麻路粉丝同。项青为上白为次，白与青皆立奇功。牙以黑钳称第一，红牙其次紫花中。腿足爪尖弯点血，银兴肉肚力能攻。尾如插箭须双美，势若骐骥欲步空。五体标黄皆不妙，头颅应取水楂红。

白尖翅

霜头雪项白砂装，青项堆青力更强。最上上乘头琥珀，项生两节虎威张。翅多长阔形容古，牙要朱红细劲长。腿足肚银兼爪赤，世间第一白尖良。

青项白

白虫青项头如雪，麻路银丝现顶中。翅上白光明且净，牙红与白两称雄。更有额颈能带线，爪须尾腿足尖红。青靛项无花浅相，任他枭将立奇功。

蜜背白

蜜背浑身白似银，鹅黄双翅皱无尘。红钳赤爪腿足健，节节弯弯点血新。何事英雄埋没久，残编检识旧精神。

螭壳白

螭壳白如真蜜蜡，额头纯白路银麻。将军生相青毛项，翅厚光明若素霞。论别牙钳三色美，绛香纯白并红花。淡青头亦生青项，似靛毛丁一色遮。遍体莫教光带杂，不虚螭壳得名嘉。

滑白哑白

滑白与哑白，虫性俱是热。早秋能善斗，必先青黄歇。或有得先天，交寒变初色。见色变其名，咬口日胜日。奇将结三冬，非是哑滑白。

白麻头

麻头白项肉如银，脑线根根透透明。更加毛项长肥腿，十度交锋十度赢。

草色白

草色出土芦花色，才过秋分白相出。莫谓白子是冬虫，鱼母混珠虫性热。

宝石白头

将军头如红宝石，银丝青项肉足白。性刚耐战是冬虫，紫绛红牙可称霸。

芦花白

芦花颜色白头皮，翅如银铺肉似霜。顽铁熔炼玉金鼎，配得黄钳了虫王。

乌背白

此物白脑生相凶，乌袍墨甲透银光。形貌奇异非凡特，霜降来临位尊高。

乌牙白

乌钳闪耀泛金光，两斧锋利实难当。银翅竖鸣雷霆声，永镇沙场英名扬。

红牙白

红牙似血白头生，翅闪金光项蓝青。三秋难得将军相，雪飘尚能称雄英。

淡黄白

淡黄白蛩三尖额，一身颜色如琥珀。项宽毛密兼背厚，腿壮牙红藏金窝。

琉璃白

全身显明似琉璃，白头如雪双钳紫。生得体透翅闪银，来虫相见胆魂飞。

（六）黑虫

黑色有时与青色相混，青色太重便近于黑色。实际上真正的黑色要黑亮如漆，极有光彩。浑身漆黑或身黑而白腿白肉者，皆可称黑虫。黑虫头上斗丝银白，配白牙、红牙均好。真黑生来肚黑牙红，银丝细路贯顶，翼翅海蛳靥样，项阔带毛，名血牙乌。墨钳、紫花牙、红牙皆妙。一名粉底皂靴者，白肉白腿脚，其余皆黑，即牙钳亦乌，方交口便赢。

真　黑

真黑生来似锭墨，腿肉斑狸项毛黑。钳若细长似血红，大战交锋如霹雳。

天蓝色

非青非黑复非黄，闪烁不定似天光。腿色焦斑身样细，头圆路白项深藏。二尾细轻多紫色，两须旋绕胜枪芒。更得干红钳一对，千秋难遇此蛩王。

朱墨色

不着青黄朱墨色，此蛩千中难遇一。只要头大并脚长，立奏凯歌真可必。

淡　墨

淡黑须要黑似漆，仔细看来一锭黑。再要牙肚白无痕，号作先锋为第一。

黑麻头

黑麻头路透银丝，项阔毛糙肉添之。更若翅乌牙赤紫，早秋胜到雪飞时。

乌头金翅

乌头青项翅如金，腿脚斑狸肉带苍。牙齿更生乌紫色，饶他名将也难当。

乌头银翅

乌头青项起毛丁，肉腿如霜翅似银。更得牙钳红紫色，这般生样自堪珍。

灰　黑

形体匾小伏盆底，湿灶灰色人称异。善能饶大着口赢，不论头钳项足翅。

乌　青

乌青遍体墨为容，腿脚斑狸点点丰。钳若细长红似血，性如霹雳利如锋。肚黑更兼乌黑肉，由来无敌独称雄。端详色相须珍宝，不是常虫是了虫。

乌鸦色

黑色明如黑漆光，白牙秀项皂罗裳。肚皮腿脚皆如玉，内相将军不可当。

（七）异虫

异形蟋蟀，指形体有特异之处，或头尖身厚，或六足高挺，或腰肢纤细，身体的某些部位与其他昆虫有相类之处，于是人们便加以比附，或曰“胡蜂形”，或称“蜘蛛形”。但在事实上，这种相似只是局部的，并非整体相似；而且，说是“相似”，也不过是捕风捉影，并没有相似到人们说的那种程度。世间万物，奇形怪状，千姿百态，偶有相似之处，本是极正常的，可是前人不察，常进行牵强附会的理解，以致谬误迭出。像所谓“五色变虫”之类的说法，就显然是无稽之谈。昆虫在发育过程中虽有变态，但并不等于这一种类变成了另一种类。蟋蟀就是蟋蟀，蜘蛛就是蜘蛛，蜂蛛不可能变成蟋蟀；同理，其他昆虫也不可能变成蟋蟀。蟋蟀的某一部位与其他昆虫相似，这容易引起某些人的联想。还有一些人故意造假，以达到耸人听闻的目的。那些所谓亲眼见到胡蜂变成蟋蟀或蜻蜓变成蟋蟀的故事，就是在这种心理的驱动下编造出来的。对此，当代的蟋蟀爱好者务必破除迷信，不可轻信。

龟鹤形

头如蚕嘴肚如琴，两翅啾啾叫不鸣。识者若逢此促织，这般号作大将军。

青黄二色

青头白线桃皮项，金翅银腿肉微苍。红牙声壳身高厚，憔老方称是伯王。

土狗形

头垂项阔肚底拖，翼翅生来半背铺。牙紫腿肥身巨浑，当头起线叫如锣。

土蜂形

尖翅名呼是土蜂，紫黄色者实难逢。这般色相如君得，不比常虫是毒虫。

蝴蜂形

脚若蝴蜂腿脚纤，细腰项紧两头尖。遍身黄色金纹理，百口之中一口钳。

蜈蜂形

头光肚大号蜈蜂，两翅含屏腿脚穷。此虫只好无心斗，当场必误主人公。

枣核形

身如枣核两头尖，仔细观来却似船。交锋便见强中口，咬得诸虫不敢前。

螳螂形

身狭牙尖大肚皮，脚前乔力仰头窥。此蛩不问青黄色，斗到深秋必定输。

蟹踞形

蛩身弓起如蟹踞，不拘五色或麻头。任君观看却不怕，此是名虫何处求。

海蛳形

头圆项阔黑身肢，形状生来似海蛳。腿脚牙钳俱要白，诸虫对垒怎支持。

蝼蛄形

蝼蝈之形最难相，牙长腿短头尖亮。尾豁过肩三二分，正是雌头拖肚样。

蜘蛛形

短身六足似蜘蛛，畏明喜暗盆边藏。肉厚腿长多盘旋，行动伶仃促织王。

蟢蟢形

身宽背阔腿爪长，爱伏盆边常怕亮。战将逢此须回避，黑身绛牙是大将。

蜈蚣形

薄体圆钳识未稀，朱头漆项最为奇。更兼黑背红丝足，宛似蜈蚣人未知。

杨甲形

翅长如漆项无纹，宽项生毛阔后身。头尖两翅枣红色，杨甲形模若有神。

蚱蜢形

头大肩尖腿脚长，秀钉模样最难当。侧生身分高而厚，斗到秋深赢满场。

灶鸡形

头尖项细肚皮拖，白翅生来满背铺。腿脚不长身懒慵，当头金线叫喽啰。

蟑螂形

易名宽翅号蟑螂，翅阔头尖牙用长。身要扁摊脚要细，只许英雄三二番。

蝴蝶形

头尖肚大像蝴蝶，两翅含开腿脚穷。此虫只好无钱斗，当真必害主人翁。

虾脊龟形

龟形虾脊不宜红，腿脚俱长力不庸。色黑体肥毛白项，金丝金线绝伦虫。

虾背形

虾背驼峰蛾肚样，翅如蛱蝶腿浑长。小头圆脑斗丝黄，当额银线英姿扬。

梅花翅

翅似梅花蜘蛛形，身上如同梅花片。如同之虫亦怪哉，满场斗胜真堪羡。

锦蓑衣

翅宽翅急最为低，识者当场便敢欺。生得两边如鸟翅，名传天下锦蓑衣。

长　翅

长翅须养金长翅，腿脚清明腰浑齐。虽然口比青锋刃，只宜早斗不宜迟。

阔　翅

阔翅之虫识亦难，臀长扁薄也应凡。要知才貌青黄色，头小牙长两腿斑。更选异中紫与白，将军之色有朱颜。

鸳鸯翅

青黄二色翅鲜明，此蛩入手不当轻。初秋斗到深秋后，管取交锋只见赢。

琵琶翅

壳翅琵琶不用青，若还紫色也相应。要知斗处关强勇，头小牙长体似金。

齐膂翅

中秋齐膂最为英，头项宽舒翅皱文。敦厚牙长兼脚大，金风才动不堪闻。

阴阳翅

阴阳不同左搭翅，百万军中难见一。子午翅合分左右，秋兴场中称稀奇。

兜　翅

兜翅之蛩议欲详，臀长扁薄也寻常。须知最贵紫黄色，腿斑头小要牙长。

壳　翅

壳翅无声性却雄，只嫌纯黑是常虫。若还翅上青黄色，秋兴场中可立功。

绉　翅

绉翅形躯另一般，罗纹重叠嘴如环。雪花肚足方堪贵，油黑斑狸亦等闲。

烂　衣

烂衣秃背蛩中残，鸣声若无声不传。无论诸色常异虫，场中逢之身难全。

寿星头

毛项红牙头颈长，色浓身厚更轩昂。形如虎立君须记，一日还教胜几场。

星　头

头似琥珀星似玉，红钳一副生来毒。淡黄项翅腿圆长，咬胜诸虫不复局。

和尚头

乌头无路一片光，额中一线如银装。不论青黄与赤白，项阔牙长促织王。

鸳鸯头

鸳鸯头上色分明，一半青色一半黄。此色之虫实难遇，百度交锋百度赢。

啖色头

头黑红顶皆身跎，更兼大腿及捶拖。牙齿赤红如钳样，连赢数阵不为多。

朱砂额

朱砂青项翅金黄，肉腿如同白雪装。更爱双钳黑似漆，诸虫一见胆魂丧。

额　子

白如玉色点如珠，头额生来样自殊。脑线更看粗且短，一时强敌尽皆输。

红铃月额头

虫名月额及红铃，来往交锋暂或赢。纵然得胜终难久，赢得钱来不可行。

红头额

红头形像似花枝，一番取胜未为奇。中秋便可空拳斗，胜少输多何必疑。

蝶　头

金额原要黄麻路，银额必须白麻头。更要牙钳红黑色，反是何须着意求。

长异头

长异须养金长异，腿脚要齐尾要齐。纵然口似青锋剑，只宜咬快不宜迟。

八脑线

由来头路辨分毫，怪煞奇形有八条。合就诸虫皆咬退，莫愁顶大不能饶。

一　线

重青当顶一条线，两个牙钳如白练。项阔腰圆腿脚长，来虫交口向圆旋。最忌生成诸浅色，空有佳名不足选。黑青青黑并大紫，敌了三秋能力战。

日月眼

当头黑白两分明，异样生来怪眼睛。腿脚浑长形体别，头腰身背细论评。主坛雄将传杭谱，比夹开旗使人惊。脑线牙钳俱不论，任他颜色自肥轻。虎头鱼样双瞳暗，光不分明莫可争。

阴阳牙（鸳鸯牙）

此虫生来两个牙，一红一白实堪夸。不拘五色麻头者，任你来虫不怕他。

重　牙

四牙大小一般同，两副牙钳忒煞凶。借问诸虫谁敌手，早秋直胜到残冬。

稗子牙

牙如稗子圆而小，观者人人道不好。一朝斗胜独争先，始把此虫当异宝。

蝴蝶须

双须并卷弯如圆，张牙鼓翼两须伸。单须独卷非真相，蝴蝶须名威风逞。

竹节须

战须中间有一节，不拘左右皆妙绝。青黄赤白无所忌，勇悍拔萃称无敌。

独须单枪

独须独尾世称奇，金翅红牙形似龟。两异相兼方足贵，项青肉白始相宜。

拖　肚

黑头红项背形驼，更兼肚腹如舵拖。齿色黑红如钳样，连赢数阵不为多。

反生名

金丝额，白麻路；银丝额，黄麻路。金银相交龙驹步。虎额悬丝细透明，来虫觌面皆惊惧。

铁弹子

镔铁熔成弹子形，满头漆黑没分星。牙钳牙肉生来白，共骇将军目未经。

飞促织

飞蛛能斗体轻盈，黄白堪夸青莫惊。白翅水中应拔去，依方调理畏寒生。此虫终始休长看，好静防风避类声。带血蚊虫频养准，慎教震动一番惊。三秋若果能珍惜，百口交时百口赢。

玉锄头

杜家名号玉锄头，白肉乌牙孰与俦。面黑更兼头脚大，定然得胜遍三秋。

金束带

十个红铃九个败，脱却红铃休赌赛。红铃若得满腰生，常胜号为金束带。身材端正相超群，金带围腰似面君。携赴敌场争战斗，管教不让大将军。

琵琶形

翼像琵琶秋蛩首，头雌项滑世罕有。长牙金翅非等闲，斗尽三秋无敌手。

三段锦

麻头青项翅销金，体白牙长六足明。更不异常腰背阔，蜀川三段锦花名。

两头枪

须无尾短最堪伤，虫大终须不是强。肉尾腿长还倒插，闻名尽说两头枪。

绣花针

小能敌大果然强，虫小赢多必是良。累胜上肩魁大者，这般虫小也非常。

狗蝇斑

两腿黄斑翅若金，黑牙青项有精神。此虫莫认为三色，斗到三秋人自惊。

金苍蝇

朱头绿项身油绿，脚腿微黄红点生。钳环血色翅尖样，力能扛鼎自扬名。

滑紫三呼

滑子一唤梨摧采，世人重呼纸油灯。更有沿盆子三字，威名强敌日加增。九秋谁道无奇物，滑色虫中有瑞徵。双翅若然油色润，册场逸骥逐云腾。

滑紫色

头圆脚大遍身黄，翅滑牙红蜘蛛王。异名唤作油里达，彩花管取满头妆。

五　色

红头青项翅金黄，肉腿如同白雪装。更喜牙钳黑似漆，诸虫咬着蟹乘凉。

五　花

花头花项生来大，满腿斑斑黑点播。更配牙钳翼翅花，交锋定是狮子座。

油纸灯

头圆腿壮遍身黄，翅滑如油肉带苍。一对牙钳如红色，此物虫中是霸王。

油丹色

黑头青项翅油丹，腿脚牙长似雪霜。相貌这般无觅处，斗时决胜岂寻常。

虎头玉蚊

虎头阔项体如金，须硬朱钳琴似吟。玉蚊宽裆双翅厚，此样娇虫没处寻。

玉色促织

玉蚊毛脚肚皮青，草还珠上有光明。镜头圆钳麻黄翅，斗胜之时心内欣。

香狮儿

红肩绣项始为奇，连胜几场总不知。一铃落地君休斗，若还赢了也心疑。

草三段（草三色）

麻头青项白毛丁，金翅绉绉肉带青。腿脚斑黄牙似炭，当场健斗众皆惊。

真三色

麻头青项白毛良，金翅生来肉带苍。两腿浑长斑白色，一对红牙不可挡。

小三色

紫头青项翅油黄，四脚如丝两腿长。更兼一副焦牙齿，中秋饶大也无妨。

六　金笼雕盆锦香褥，摩挲入手澄泥古

——蟋蟀盆具

（一）蟋蟀盆

古人畜养蟋蟀最早是用笼而非罐。唐代宫女和长安富人以斗蟋蟀和听鸣虫为乐，用的都是笼，或用金丝编笼，或用象牙雕镂成楼观的模样。《开元天宝遗事》云“宫中妃妾辈，皆以小金笼捉蟋蟀闭于笼中，置之枕函畔，夜听其声”；《负暄杂录》载“镂象齿为楼观以贮之”，都可以说明这一点。虽然史料上没有说明这些蟋蟀笼的式样，但既然是宫中用品，一定精致玲珑，工艺精湛，讲究得很。据说光绪年间北京的古董行里有一只精巧的椭圆形金丝蟋蟀笼，说是杨贵妃养蟋蟀用过的，笼底下还刻着天宝年号及乾隆御题诗文。传闻中说到的这只蟋蟀笼是否杨贵妃用过的，没有谁知道，因为杨贵妃是否养过蟋蟀，是没有史料记载的。《开元天宝遗事》中虽说过“宫中妃妾辈”，却并没有明指就是杨贵妃。旧时古董行里制造赝品者不乏其人，金丝笼又非难造之物，可能是某人根据《开元天宝遗事》的记载造出来的假古董。不过由此也可以知道，唐人养蟋蟀用笼是古人的普遍认识。

用笼养蟋蟀虽有通气传声的优点，但根据蟋蟀的生活习性来看，其实是很不科学的。蟋蟀属阴虫，喜阴暗潮湿，而用笼则无法控制蟋蟀所需要的温度和湿度，效果肯定不好。所以后来养蟋蟀的虫具便由笼变为罐了。那么是什么时候由笼养变成罐养的呢？一般认为是在南宋贾似道的时代。一个重要的证据是，贾氏之前有关蟋蟀的记载只提到笼而没提到罐。如早于贾似道不到百年的词人姜夔在题为《咏蟋蟀》的词里仍称“好事者或以三二十万钱致一枚，镂象齿为楼观以贮之”，说明南宋的一段时间内养蟋蟀仍承袭唐代之法。至南宋中叶，临安（今杭州）城里还在出售各种各样的蟋蟀笼，既有唐式的银丝笼、楼台笼，又有黑光漆笼、板笼和瓦盆竹笼。其中的“瓦盆竹笼”很可能是一种上部为笼、下部为瓦盆的特殊虫具。下部为瓦盆，能保持一定的湿度，较阴凉，适于蟋蟀生活；上部为竹丝编织，既通风透光，又便于观赏。这种改进说明，人们对蟋蟀生活习性的认识，已经有所进步。到贾似道所处的南宋末年，畜养蟋蟀已由笼完全变成罐了。在贾似道的《促织经》里，出现了“盆需用古器”和“若交秋冷，速将盆底填泥”的说法，再也不提笼，说明过渡已经完成。而尤具说服力的是，“文革”期间在镇江畜牧场宫圹桥大队罗家头生产队发掘的一座南宋古墓里，发现了三只陶质蟋蟀过笼。其中两只为腰长形，长 7 厘米，两头相通，上有盖，盖上有钮，钮四周还饰有六角形双线花纹。其中一只内侧有铭文，为“□名朱家”。另一只为长方形，长亦 7 厘米，作盝顶式，一头有洞，顶中有一槽，槽两侧饰圆珠纹，外围斜面上饰方如意纹，当为捕蟋蟀用的。两只腰长形的过笼，置于蟋蟀罐中，是养蟋蟀的必备之物。自此以后，养蟋蟀用盆罐已成为常识，故明代的北京城里出现了“瓦盆泥罐遍市井皆是”的景象；若此时再提用笼养蟋蟀，就要贻笑大方了。

还有记载说北宋末年已经有蟋蟀盆出现，《万历野获编》上有“今宣窑甚珍重，其价不减宣和盆也”之语。宣和乃宋徽宗年号，属北宋末年，不久金兵南下，北宋亡而南宋立。这里说宣和年间已经有了蟋蟀罐，而且很有名气，极受明人珍视。明代的蟋蟀谱上还绘着宣和盆的图样，盆成鼓腹形，侧有梅花，盖上凸，有钮和云纹，底有三足。究竟这种“宣和盆”真的出于宣和年间，还是后人根据《万历野获编》上的记载附会的，因为没有实物存世，尚难确定。根据一般规律，任何事物的出现都有一个发生发展的渐进过程，不会是突然出现的；况宣和距南宋不远，蟋蟀盆出现在此时也是极有可能的。但可以肯定地说，即使此时已出现了蟋蟀罐，使用范围也较狭窄，并没有普及开来，否则，当时的记载不可能仍记笼而不提罐。

南宋最著名的蟋蟀盆是平章盆。“平章”是贾似道的官号，他曾在宋度宗朝被封为太师、平章军国重事，权势极盛。以“平章”命名，当是后人所为。明人谱上所画的平章盆腹侧有龙戏珠图案，中间卍字纹，盖上为荷花图案。宋代罐一般较为深大高厚，有方、圆两种。盖的式样有平盖、坐盖、飞边盖，盖正中有眼或无眼。底有平底和凹底之分。盆底有足是宋代罐的特点。足有圈脚形、兽脚形等，或三或四或五或六不等。元代罐著名的有至德罐、王府罐和象窑罐。罐式多为矮扁圆形，盖平无边，底平无足。元代罐较素雅，大多只以简单的几何图案稍加装饰，也有山水、花鸟或云龙图案。

盆口盆底上下的两圈，都有乳状突起物。盆底下有“大元至德年制”六个楷书的阴纹字。

蟋蟀罐虽只是一种养虫器具，但其出现的同时，就未仅仅被视为养虫工具，而是同时赋予了观赏的作用，从而获得了实用与审美的双重价值。这些罐的制作除了为适应蟋蟀的生活特性而注意它的质地、大小、厚薄、深浅外，还极讲究在式样、图案方面的多样和美观；而历史悠久的古代陶瓷、绘画等艺术传统，为蟋蟀罐的制作工艺提供了良好的基础，所以发展很快。至明代，蟋蟀罐不但已经普及，而且制作工艺也达到了很高的水平，使之迅速成为一种新的工艺品。这时罐的质地多样，有陶、瓷、玉、石、雕漆、戗金、缸釉，造型和花纹图案也极繁多。宣德年间所制谓之“宣德罐”，最为珍贵，至万历年间就已难得，被玩家视为珍宝。沈德符所云“今宣窑蟋蟀盆甚珍重”定非浪语。其中又以苏州所造最为出名，明代李诩《戒庵老人漫笔》云：“宣德时苏州造促织盆，出陆墓（俗呼母音）、邹莫二家。曾见雕镂人物，妆采极工巧。又有大秀、小秀所造者尤妙，邹家二女名也。久藏苏州库中，正德时发出变易，家君亲见。”陆墓指苏州齐门外的陆墓镇，早在宋代这里就设有御窑，专门为皇室烧制各种精巧瓷器。明时因宣宗喜斗蟋蟀，这里又成了烧制御用蟋蟀罐的地方。陆墓土质细洁，很少杂质，碱性不大，烧出的蟋蟀罐光洁细腻，敲之有金玉之声。邹家先后有邹显文、邹振宗、邹东帆、邹宏发、邹唯新等多人，都是明清著名的蟋蟀罐匠人。近年来江西景德镇也挖掘出一批明代宣德年间的蟋蟀罐，为瓷质，上有蓝花，共十多具。明代蟋蟀盆所以珍重，一是其制作年代早，流传下来的稀若凤毛麟角，二是其制作工艺高超，是高级的艺术品，有极高的审美欣赏价值。在宣德罐中，有一种宣德皇帝御用的戗金罐，声名极著。清初诗人吴伟业曾收藏过一只，并作《明宣宗御用戗金蟋蟀盆歌》以记之。歌曰："宣宗在御升平初，便殿进览《豳风图》。暖阁才人笼蟋蟀，昼长无事为欢娱。定州花瓷赐汤沐，玉粒琼浆供饮啄。戗金髹漆隐双龙，果厂雕盆锦香褥。……秘阁图书遇兵火，厂盒宣窑贱如土。名都百戏少人传，贵戚千金向谁赌。乐安孙郎好古癖，剔红填漆收藏得。我来山馆见雕盆，蟋蟀秋声增叹息。"后来此罐流落市中，又为清代殿撰王敬铭购得，亦作歌咏之，中有"星移物换秋复秋，长闻唧唧虫吟愁。金花暗淡盆流落，流落民间同瓦瓯。延陵遗老昔曾见，铜盘双泪金仙流。长吟欲招古帝魂，杜鹃溅血悲相酬"。歌中说的

“延陵遗老”可能就是指的吴伟业。戗金是一种髹漆工艺，在漆器上雕刻出花纹图案来，以赤金填嵌，有雍容华贵的效果。戗金盆为人所重，更主要的倒不在工艺，而是因为它是御用之物。晚清时一只戗金盆几乎价值连城，极其难得。

其实从养虫效果上来看，戗金盆不见得比优质陶盆为佳。行家认为，陶质盆最易养出善斗的蟋蟀。这种宣宗御用的蟋蟀盆还存世的有双狮绣球盆，这也是目前所存最早的古代蟋蟀罐。此盆高 11 厘米，腹部径粗 14. 5 厘米，上盖与器身的主要图案皆为双狮戏绣球，空白处以各种花叶填充。二狮一大一小，摇首摆尾，各以一爪戏弄上面刻着方胜纹的绣球。罐的盖背面和腹部的内侧各有一双线纹方戳，阳文楷书“大明宣德年造”六字。全器花纹图案均采用浮雕的手法，有的地方还运用了镂雕技巧，使整器上的图案立体感极强。此罐的整体造型端庄凝重，花纹图案的设计繁缛精细，极力表现出宫廷的豪华富贵之气。另外的一只宣德罐存于历史博物馆。此罐为澄泥精制，质地细腻滑润，色呈淡黄，古朴雅致。罐高 14. 7 厘米，腹部径粗 16 厘米。盖内有阳文方形篆书戳记，曰“仿宋贾氏珍玩醉茗痴人秘制”，共十二字，分四行，每行三字。篆法高古，苍劲工整。罐底亦有方形图记，双线长框内隶书“大明宣德年制”六字。款识上下均为二龙戏珠图案，龙纹眉须清晰，鳞鬣毕现，栩栩欲活，极似宣御制国宝墨、宣德青花瓷及宣德铜炉上的龙纹。罐内以夯土为底，平坦坚实。“醉茗痴人”不知为谁，从其名字看，当是明代宣德年间的一位著名泥壶艺人。泥壶泥罐虽非同用，然其制作工艺是一样的，故泥壶艺人往往兼制蟋蟀罐。明末最著名的蟋蟀罐艺人是万礼张，所制不但享誉当时，更是清代以来的古董家们猎取的对象。晚清时一只万礼张蟋蟀罐可值大洋百元。万礼张为明人，事迹不详。其制若按款识的不同，可分为多种，有的署“三秋大吉”，有的署“永战三秋”，有的是“怡情雅玩”，但也有的并无款识。真正的明代制品稀若凤毛麟角，市场上号称“宣德罐”者，大多为仿造，不过也有仿制甚精者。

优质蟋蟀罐均为澄泥制成，称“澄泥罐”。所谓“澄泥”，邓之诚《骨董琐记》有如下解释：“制澄泥砚，缝绢囊置汾水中，逾年而后取出，沙泥之细者已实囊矣。陶为砚，水不涸焉。见宋张洎《贾氏谭录》。按唐澄泥砚出虢州，岁贡十砚。今不知者，率以澄泥归之阳羡，大误。”澄泥也就是经过细绢过滤的细沙。据这则记载上的方法，澄泥得甚难，所以只能“岁贡十砚”。若依此法做蟋蟀罐，数量必然更少。苏州等地做蟋蟀罐所用的澄泥，据说先要打成泥浆，再加以过滤，去掉一切杂质，这样泥质就变得十分细腻，所以又称为“澄浆”。明清以来的制罐名家，几乎都是以澄泥为之。

明代蟋蟀盆的造型像古代一样，花纹有双龙、细镂的花鸟、锦纹、冰梅竹、龙凤、双凤、云鹤、荷鹭、人物，再嵌上珠玉珍宝，装饰上金银翡翠。款式大小不一，有方的，也有圆的，每一个都非常精巧。夹底盆盆内用五颜六色的磨细的砖片，间相铺成锦纹，镶在盆的底部，就像地板砖一样。全素的蟋蟀盆，断竹直口，盖是平的，盆上细镂着各式花草禽鸟，盆的形状像嵌宝盆一样，只是略微扁二三分，稍微薄一分。富商巨贾所藏的蟋蟀盆都有金玉翡翠的装饰。以上的几种盆，盆底下都有年号和印章。阳文印都是长方形，阴文印四周没有边框，用楷书写着“大明宣德年制”。也有的写着“正德”、“天启”年号等印章。还有的写的是“芝兰堂”、“索兰堂”、“瑞芝珍玩”等印，都是方形的。

清初最著名的制罐家是赵子玉。赵为康熙时人，所制皆为澄泥细罐，质地细腻润滑，有人说抚之若处子之肌肤。现存赵子玉真品尚多。一具为淡绿色，高 10.7 厘米，径粗 11.9 厘米。盖内有长方形阳文双线印框，框内阳文楷书“古燕赵子玉造”，字体圆润工整。底外阳文双线框内有“大清康熙年制”六字楷书。全器精致规整，质地光润强腻，罐内有坚实之泥底。此罐名为“绿泥”，是赵子玉精心制作的珍品之一。另一具色黄绿，润泽晶莹似玉，大小与前罐相同。盖内与底外的款识相同，均为“古燕赵子玉造”六字。此罐色黄如鳝，应即赵子玉名品鳝鱼黄是也。其罐题款尚有“恭信主人”、“淡园主人”、“乐在其中”等。因赵子玉名极一时，所以后仿制者甚多，尤以30年代北京号“大关”者，仿制最精，几能以假乱真，非真识者莫辨。真正的赵子玉盆有13种，分别叫白泥、紫泥、藕合盆、倭瓜穰、泥金罐、瓜皮绿、鳝鱼青、鳝鱼黄、黑花、淡园、大恭信小恭信、全福永胜、乐在其中，以上共有13种。另外还有太子盆、蝴蝶盆、都人、白山、闲斋、敬斋、净面、深足、直樯、中樯、大瓮儿、糠胎。康熙时出的各种蟋蟀盆，有真的，后来也有仿造的，泥性就差多了，内行人经手不需要用眼看，只要用手一摸，便能分出真假来。

清代嘉庆年间的还有一个著名紫砂艺人杨彭年，同时也是制罐名家。杨为江苏宜兴人，是制作紫砂茶壶的能工巧匠，时人称之为“良工”。他制壶的绝活是全凭手捏，不用模子，“虽随意制成，亦有天然之致”（徐康《前尘梦影录》）。他可以根据别人画出来的茶壶样式随手捏成，并将紫砂工艺与诗词、书画、雕刻结合起来，创造了一种新的情趣和境界。杨彭年并制澄泥蟋蟀罐，现存二具，大小相同，当为一对。罐呈暗黄灰色，上小下大，制作纯朴古雅。此罐比赵子玉罐稍高，通高 15.3 厘米，内深 13.4 厘米，径粗与赵制相仿。盖上有褐色漆绘海水云龙戏珠图案，罐身亦有三组相同的图案，图中飞龙腾跃，栩栩如生。盖内以褐漆篆书“潋斋制”三字，底外有阳文篆书“杨彭年造”方形戳记，书法古朴有致。两罐内均无夯土，不知是以底代夯土，还是没来得及砸底。杨彭年所制的紫砂壶就是以浓郁的文人气质受到欢迎的，而制作的蟋蟀罐具备同样的特点，所以被视为珍品。

瓷质蟋蟀罐因其透气、吸水性能差，所以并不实用；其所以受欢迎，主要在于工艺水平。历史博物馆现藏一对清代正斋主人彩瓷蟋蟀罐，通高 10.7 厘米，外口径 11.4 厘米。二罐大小形制均同。盖面周沿及罐足有一道青花卍字纹，中间有一组折枝黄菊绿竹图案。这对蟋蟀罐形制小巧玲珑，纹饰淡洁幽雅，亦有浓厚的文人气息。

蟋蟀罐虽均为养斗蟋蟀而用，却又因具体用法不同，在形式上分为几种。最常见的是养盆，为蟋蟀的日常居处，用的时间最多。养盆以大、深、厚三点为原则，上下一般粗。盆大则蟋蟀有充分的活动余地，深厚则保温遮阳的性能好，能使罐内保持相对恒定的温度和湿度。再则是起盆，主人会斗时要将蟋蟀由养盆内起出，置于起盆内，以便赴约。起盆矮而扁，上大下小，盖中微凸或镂透花纹者曰“排子盆”，一般为陶质；起盆高而陡，中间微凸上下微凹者曰汤盆，有陶、瓷两种质地。再就是斗盆，是蟋蟀格斗的“战场”，矮而大，以陶质为主。另外还有一种径仅寸许的小瓦罐，极粗糙，是用来售虫或购虫用的，只能算作一种“包装工具”，用来养虫是不行的。真正的蟋蟀玩家每人都要购置很多罐。旧时以 24 罐为一桌，12 罐为半桌，6 罐为一角。玩家们根据自己的能力或一桌或几桌不等。会斗时虫主摆排场，罐多者便脸上有光。

畜养蟋蟀除了有罐，还有几个附件。一曰过笼，其形若扇面，两端相通，上有笼盖，盖顶有钮。过笼的用处是将蟋蟀由一罐移入另罐时，先将过笼置罐中，驱蟋蟀入过笼中，然后持过笼入另罐中。另外过笼适应蟋蟀避明就暗的特性，可以作为雌雄过铃时的“洞房”。二曰食槽，或方或圆，中间微凹，亦用澄泥细制，现以瓷者居多。三日水槽，形制大小与食槽相类。

蟋蟀罐均需砸底，不能拿来便用。砸底亦有讲究，非内行不能为之。砸底所用的泥不是一般的黄泥巴，而是特制的三合泥，三种成分为黄土、细沙、陈石灰，一说为黄土、黑土、陈石灰。三者均需过罗，用水浸透，按一定比例调和起来。砸底的目的是基于蟋蟀为阴虫的说法，用这种方法为其创造一个近似大自然的环境，俗谓之使之接“地气”。实际上是因为泥底有一定的蓄水功能，可使罐内保持一定的湿度和温度，不致太干燥，使蟋蟀感到清凉舒适，所以要求泥底既要有一定的渗水性，又不能渗水太快；既要坚固耐用，又不能“滴水不漏”。

蟋蟀用盆，愈陈愈好。陈旧之盆无异味，且阴凉舒适，有利于蟋蟀收敛野性，安神养性。新盆燥热之气未除，易致虫卷须、色昏乃至死亡。

以上是养具，就是在畜养时用的。另外在捕捉蟋蟀和格斗时还有一些专门用具，像丝罩、竹筒、戳子、芡草、斗棚等。

（二）其他虫具

过笼

过笼亦称“串子”，也有好多的种类。最好的是宣德串，其次是五福、鹦鹉偷桃、五福拉花、鹦鹉拉花、白泥、紫泥、万礼张、菊花串、寸方子、单枣花、双枣花、哈拉扁、方胜、扇面式，有种种不同，又各有真假之分。

笼

唐代天宝年间，宫中制作的蟋蟀笼，是用金丝做成的。

关

关是一种用来装蟋蟀的竹制虫具。

以前的办法是用竹子做，用竹丝做成盖，有两只孔用以开合。它的形状是长形的。

竹册

册即栅，指斗栅。南方斗蟋蟀不用斗盆，而是在一个状似矮笼的长方形斗栅中进行。栅以竹制成，中有闸门相隔，将栅分成两半。上有以竹丝插成的盖，成拱形；斗虫时即隔盖观看。栅的两头各有一小门，用插片开启，双方斗虫由此小门进入斗栅。

用劈开的竹片作底，用竹丝穿成栅栏的样子覆盖在竹片上，中间用竹片做成闸板，俗名叫作千金。

锡册

为了冬季斗虫不致伤虫，有人发明了一种底部是夹层的斗栅，夹层以金属为之，中注热水。严冬时比斗，锡栅保持一定温度，蟋蟀不致受寒。

纸册

纸册是一种纸质的斗盆。圆形，大小如帽子，有的上无盖，两虫交斗时常能跳出栅外，故后来改为长形。详见下文“盆栅名式”。

纸栅的形式是圆的，有四五寸高，直径六七寸，大小不一，盖是平的。

观笼

观笼即斗栅。因其形像笼，又可隔笼观看两虫相斗，故名。用竹子或木头作底，四周围上竹丝，四面有眼，用竹片做成开合的门。

丝绷

丝绷是一种防备蟋蟀逃逸的器具。圆形，以线结网，观察蟋蟀的时候，盖在蟋蟀罐上。

用竹片围成圆圈，以丝线结成网，以油漆漆过，目的是为了使它坚固。

草筒

草筒，民间亦称芡筒，即用来装芡草的竹筒。也有的不用竹，而以红木或象牙镟制而成，更为美观。

用又细又直的坚固竹子截成筒，有八九寸长，芡草就放在里面，起到保护的作用。如今不用芡草，而用鼠须代替，就不必用草筒保藏了。

方平枕

方平枕是用来称蟋蟀重量的工具。因其形像枕，故名。两虫相斗前，将各自的蟋蟀装入方平枕内，盖严，再放到戥子上称出重量来。

两头有三分见方，长一寸有余，样子看起来像枕头。用细绢衬上纸裱糊硬一些，折叠成方筒粘好，两头也用裱糊好的硬绢粘合成方形，略微小一些，嵌进方筒的两头作门，以便蟋蟀进出时开合。最里面还要用乌金纸裱好，以使蟋蟀进出时没有阻碍。

毫戥

戥子要挑选透明的骆驼骨头做成的，秤杆要笔直细长，最大的星是分，中等的星是厘，最小的星是毫，这样的戥子才准确。至于市上的戥子，分厘不一，千万不要用。

线罩

以前是用竹片弯成圆圈，用线结成网。像半球形，用油漆染一遍，目的是为了坚固。现在是用细铜丝制作，比线罩更好。

杏叶锹

用纯钢做成铁锹，式样有如杏叶，用紫檀木做锹把。

竹筒

用竹子截成竹筒，长约二寸的样子，粗四五分，用竹节作为竹筒的底，截开的地方作口，以便于装虫，用草把筒口堵上。江南人有人用芦苇管截成，比竹管要轻，也容易携带。

盆栅名式

斗栅的形式也随时代和地域而有所不同。起初用的是极大的蟋蟀盆，名叫斗盆。接着又用圆形的斗栅，是用纸做成的，就像是一顶帽子，只是上面没有遮盖的东西。每次到了交斗的时候，有的蟋蟀能跳出栅外；而且栅内过于宽阔，两只虫很难碰到一块。这种形式并未尽善尽美。后来又改为长形的斗栅，像书本的样子，只是比书本稍微窄一些，有一寸来高。上面有两扇盖，是用竹丝或铜丝作条形格，称为观笼。观笼的两头都用闸门开合，笼的中间也有闸门，名叫千金闸。等两虫交斗时，才打开中闸相斗。大多人称它为“栅船”，因为盖上的长条形的棱中间高两边低，好像乌篷船的形式，所以叫作“栅船”。至于上江的斗栅，与下江的相比，稍微宽而且短，盖上的棱也用竹丝做成。但下江的棱高耸，而上江的棱较平直，所以在芡法上也是有区别的。到了秋末冬初，天气严寒，不借助暖气，很难指望蟋蟀仍像以前那样勇敢，于是便又有了用锡镶成的斗栅，用热水灌进栅内，使里面温暖如春，这样蟋蟀才能重展雄风。这种叫作“锡栅船”。有人认为它的形式是长方形的，与砖有相似的地方，应当叫作“锡栅砖”；不过直接叫作“锡暖栅”更合适。